いま、子どもの心とからだが危ない

早稲田大学 教授／医学博士
前橋 明 著

大学教育出版

はじめに

　子どもたちの生活や身体状況をみて、おかしさや疑問に思ったことを解明すべく、これまで、私は、文献研究をはじめ、調査・測定・実験を行い、仮説を検証して多くの知見を見つけてきました。そして、研究知見としての重要事項を、広く普及・啓発すべく、現場と連携した保育・教育実践を行って参りました。

　本書では、21世紀を担う子どもたちの健やかな育ちを援助すべく、私が見いだした研究知見を、現代の子どもたちの実態に照らし合わせながら、生かせるように工夫し、そして、工夫した内容をわかりやすく解説していきます。

　少しでも多くの先生方の指導や保育ならびに保護者の皆様の子育てに、役立てていただければと願っております。

2004年5月

早稲田大学 教授　前橋　明

目　次

はじめに　*1*
1. 遅い就寝　*6*
2. 生活リズムに乱れ　*8*
3. 増える体温異常　*11*
4. 生活リズム改善への提案　*15*
    (1) 早　寝　*16*
    (2) 早起き　*17*
5. 食事の大切さ　*18*
6. 心の居場所づくりを大切に　*20*
    ―心のこもった料理で、家族のきずなを深めよう―
7. 幼児の食行動と食事のチェック　*22*
    ―食事のチェックで、あたたかい親子・家族のきずなを深めよう―
8. 子どものおやつとスポーツ飲料　*25*
    ―基本的な考え方と有効利用の方法―
9. 快便のススメ　*27*
10. 戸外で汗の流せる「ワクワクあそび」のススメ　*30*
11. 運動量の確保　*33*
12. 正しい姿勢　*38*
13. ケガと体力　*42*
14. 紫外線と戸外あそび　*45*
15. ガキ大将の役割　*47*
16. 心地よい空間　*49*
17. 子どもにとっての安全なあそび場　*51*
18. 運動会　*54*
19. だっこ・おんぶの大切さ、しがみつき上手な子　*56*

20. テレビ視聴　*58*
21. 肥　満　*60*
22. おやつと夜食　*62*
23. 命の重み　*64*
24. 徒歩通園　*66*
25. 責任感とお手伝い　*68*
26. 工夫と実行のススメ　*70*
27. 子どもの願いに、耳を傾けて　*71*
28. 警告！子どもの夜間外出とゲーム重視のあそびに注意を向けて！　*74*
29. 生命力の低下　*77*

子育て支援法
1. 生活リズムの乱れから生じる諸問題と対策　*82*
2. 脳にとって、大切な栄養　*84*
3. 母親へのアドバイス　*85*
4. 第一子をもつ母親の悩みと支援方法　*86*
5. 3歳未満児2人をもつ母親の悩みと支援方法　*87*

いま、子どもの心とからだが危ない

1. 遅い就寝

　春の5歳児577人の生活実態調査[1]では、保育園児の就寝時刻が平均して午後9時44分なのに対し、幼稚園児は午後9時15分。保育園児は、幼稚園児よりも約30分、寝るのが遅く、また、午後10時以降に就寝する園児も38％を占めました。育児の基本である「早寝」が大変困難になってきています。なぜ、子どもたちはそんなに遅くまで起きているのでしょうか。

　午後10時以降の活動で最も多いのは、やはり「テレビ、ビデオ視聴」でした。テレビを正しく見ることについて、保護者の意識を高めると同時に、子どもをなるべく早くテレビから離すべきでしょう。同時に、外食や親の交際のために、子どもたちを夜間に連れだすのも控えてもらいたいものです。

　保育園児の睡眠時間は9時間19分と短かったのですが、9時間程度しか眠らない幼児は、翌日に精神的な疲労症状を訴えること[2]や力が十分に発揮されないことが明らかにされています（図1）。やはり、夜には、10時間以上の睡眠時間を確保することが、翌日の元気さ発揮のためには、欠かせません。最もよいのは、午後9時より前に寝て、午前7時より前に起床する「早寝・早起きで10時間以上の睡眠をとった子どもたち」です。朝食をきっちりとらない子ど

(kg)

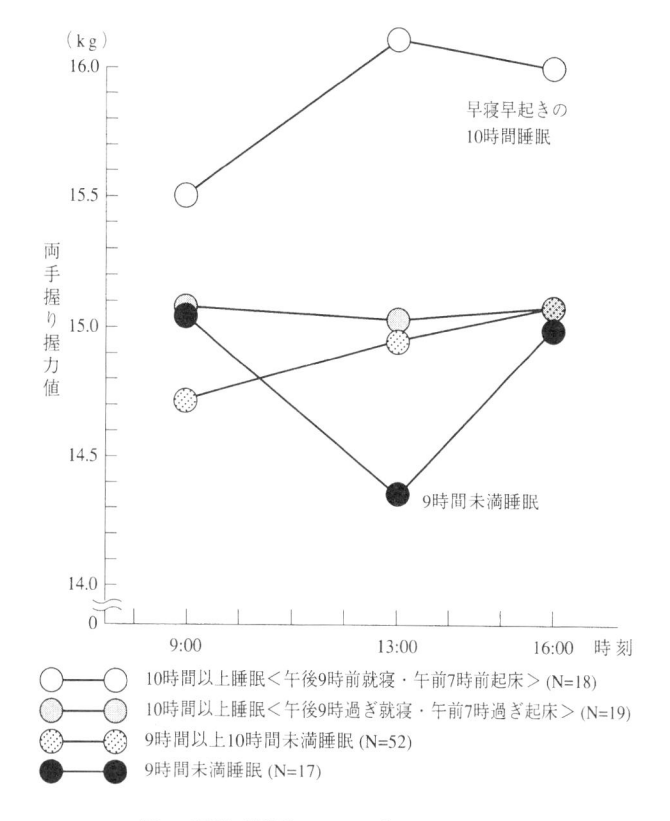

16.0 ─── 早寝早起きの
          10時間睡眠

15.5

両手握り握力値

15.0

14.5

9時間未満睡眠

14.0

    9:00   13:00   16:00   時刻

○─○ 10時間以上睡眠＜午後9時前就寝・午前7時前起床＞(N=18)
◎─◎ 10時間以上睡眠＜午後9時過ぎ就寝・午前7時過ぎ起床＞(N=19)
◍─◍ 9時間以上10時間未満睡眠 (N=52)
●─● 9時間未満睡眠 (N=17)

図1　睡眠時間別にみた5歳児の両手握力値

もも心配です。調査では、幼稚園児で5.4％、保育園児で13.4％の幼児が、毎朝、欠食していました。朝食の開始時刻が遅く、食事量が少ないため、排便をすませて登園する子どもが幼稚園児で23.3％、保育園児で15.0％と、3割にも満たない状況になっています。朝食を食べていても、テレビ

を見ながらであったり、1人での食事になっていたりします。この習慣は、マナーの悪さや集中力のなさ、そしゃく回数の減少のみならず、家族とのふれあいの減少にまでつながります。せめてテレビを消して食事をする努力が必要でしょう。

保護者の悩みとして、睡眠不足のほかに、肥満や偏食、疲労、運動不足も多く挙げられていましたが、こうした悩みは、生活の中に運動あそびを積極的に取り入れることで、解決できそうです。運動量が増せば、心地よい疲れをもたらして睡眠のリズムが整い、食欲は旺盛になります。これらの習慣化によって、登園してからの子どもの心身のコンディションも良好に維持されます。

何よりも、起床時刻や朝食開始時刻の遅れを防ぐには、就寝時刻を少しずつ早めるべきです。これによって、朝の排便が可能となります。そして、子どもたちが落ちついて園生活を送ると同時に、豊かな対人関係を築くことができるようになるのでしょう。

2. 生活リズムに乱れ

起床、食事に始まり、活動（あそび・勉強など）、休憩、就床に至る生活行動を、私たちは毎日、周期的に行っており、そのリズムを生活リズムと呼んでいます。私たちのまわりには、いろいろなリズムが存在します。例えば、朝、目覚

めて夜眠くなるという生体のリズム、郵便局の多くが午前9時に営業を始めて午後5時に終えるという社会のリズム、日の出と日の入りという地球のリズム等があり、私たちは、それらのリズムとともに生きています。

　原始の時代においては、地球のリズムが即、社会のリズムでした。その後、文明の発達に伴い、人類の活動時間が延びると、社会のリズムが地球のリズムと合わない部分が増えてきました。現代では、24時間の勤務体制の仕事が増え、私たちの生活のリズムも、社会のリズムの変化に応じ、さらに変わってきました。

　夜間、テレビやビデオに見入ったり、保護者の乱れた生活の影響を受けたりした子どもたちは、睡眠のリズムが遅くずれています。原始の時代から地球のリズムとともに培われてきた「生体のリズム」と彼らの生活リズムは合わなくなり、心身の健康を損なう原因となっています。深夜に、レストランや居酒屋などで幼児を見かけるたびに、「午後8時以降は、おやすみの時間」と訴えたくなります。

　子どもは、夜眠っている間に、脳内の温度を下げて身体を休めるホルモン「メラトニン」や、成長や細胞の新生を助ける成長ホルモンが分泌されるのですが、今日では、夜型化した大人社会の影響を受け、子どもの生体リズムは狂いを生じています。その結果、ホルモンの分泌状態が悪くなり、様々な生活上の問題が現れています。

　例えば、「日中の活動時に元気がない」「昼寝の時に眠れ

ない」「みんなが起きるころに寝始める」「夜は眠れず、元気である」といった現象です。これは、生活が遅寝遅起きで、夜型化しており、体温のリズムが普通のリズムより3〜4時間後ろへずれ込んだリズムとなっているということです。そのため、朝は、眠っている時の低い体温で起こされて活動を開始しなければならないため、ウォーミングアップのできていない状態で体が目覚めず、動きは鈍いのです（図2）。逆に、夜になっても体温が高いため、なかなか寝つけず、元気であるという悪循環を生じてきます。さらに、低体温や高体温という体温異常の問題[3]も現れてきています。これは、自律神経の調節が適切に行われていないことを物語っており、もはや「国家的な危機」といえます。

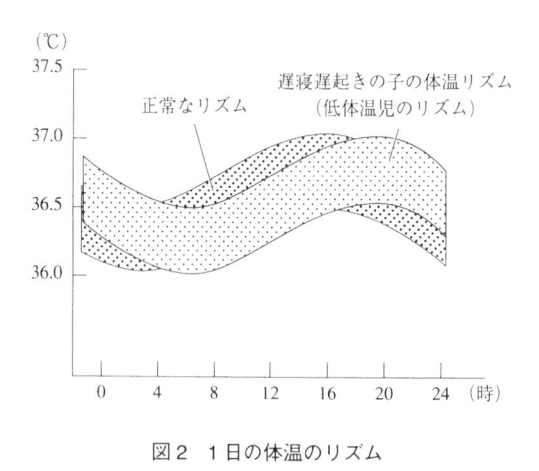

図2　1日の体温のリズム

幼児の生活リズムの基本ですが、就寝は遅くとも午後9時頃（できれば、午後8時）までに、朝は午前7時頃までには自然に目覚めてもらいたいものです。午後9時に眠るためには、夕食は遅くとも午後7時頃にとる必要があります。時には夜遅く眠ることもあるでしょうが、朝は常に一定の時刻に起きることが大切です。朝の規則正しいスタートづくりが、何より肝腎なのです。

　みんなで、将来の日本を担っていく子どもたちの健康を真剣に考えていかねばなりません。今こそ、子どもたちの生活リズムの悪化に歯止めをかける時です。

3. 増える体温異常

　近頃、保育園や幼稚園への登園後、遊ばずにじっとしている子や、集中力や落ち着きがなく、すぐにカッとなる子が目につくようになりました。おかしいと思い、保育園に登園してきた5歳児の体温を計ってみますと、36℃未満の低体温の子どもだけでなく、37.0℃を越え37.5℃近い高体温の子どもが増えていたのです。調査では、約3割の子どもが、低体温、高体温である[3]ことがわかりました。朝の2時間で体温変動が1℃以上変動する子どもの出現率も増えてきました。体温は3歳頃から日内リズムがつくられますが、変動のない子どもも7.2％いました（表1）。

表1　朝の2時間における幼児の体温の変動幅とその人数割合

	1℃以上低下	1℃以内	1℃以上上昇	変動幅1℃以上
平成 8 年	0	97.3%	2.7%	2.7%
平成 9 年	2.5%	88.5%	9.0%	11.5%
平成 10 年	3.1%	85.0%＊	11.9%	15.0%

＊変動のない子どもが7.2%出現

　そこで、体温調節がうまくできないのは自律神経の働きがうまく機能していないからと考え、子どもたちの生活実態を調べてみました。すると、「運動・睡眠不足、朝食を十分にとっていない、温度調節された室内でのテレビ・ビデオ視聴やゲームあそびが多い」という、生活習慣の乱れと睡眠リズムのずれが主な共通点としてみられました。

　保護者の方からは、不規則な生活になると、「ちょっとできなかったりしただけで、子どもがカーッとなったり、物を投げるようになった」と教えていただきました。先生方からは、「イライラ、集中力の欠如で、対人関係に問題を生じたり、気力が感じられなくなったりしている」とのことでした。生活リズムの崩れは、子どもたちの体を壊し、それが心の問題にまで影響してきているのでしょう。生活のリズムが悪いと、それまで反射的に行われていた体温調節ができにくくなります。

　そこで、私は「問題解決のカギは運動量にある」と考え、子どもたちを戸外で思いきり遊ばせてみました。その結果、登園時の体温が36℃台と36℃未満の低体温の子どもたちは、

午前中の運動あそびによる筋肉の活動で熱を産み、体温が上がりました（図3）。一方、登園時の体温が37℃以上であった幼児の体温は下がりました。低体温の子も高体温の子も、ともに36℃から37℃の間に収まっていったのです。からだを動かして遊ぶことで、幼児の「産熱」と「放熱」機能が活性化され、体温調節能力が目を覚ましたのでしょう。

さらに、体温異常の子どもを含む181人に、毎日2時間の運動を継続的に18日間行いました。これによって、体温調節のうまくできない子どもが半減したのです（図4）。その際に取り組んだ運動のプログラムを、表2に示しておきます。

表2 保育園における運動プログラム

運動プログラムの条件設定
①朝、8時50分になったら、外に出る。
②保育者も、子どもと一緒に遊ぶ。
③各自の目標を持たせ、それに取り組む姿を認めたり、みんなの前で紹介したり、ほめる。
④子どもたちの意見を聞きながら、みんなであそびのルールを作ったり、あそびの場を設営する。
⑤子どもたちが自発的にあそびを展開するきっかけをつかんだら、保育者はできるだけ早い時期に、主導権を子ども側に移行していく。
⑥異年齢で活動する機会を多く与える。
⑦手づくり遊具を作って、子どもたちが活動的に遊ぶことができるよう工夫する。
⑧保育室にもどる前には、みんなで片づけをする。
⑨毎日、正しい生活リズムで過ごすように、子どもと確認し合う。

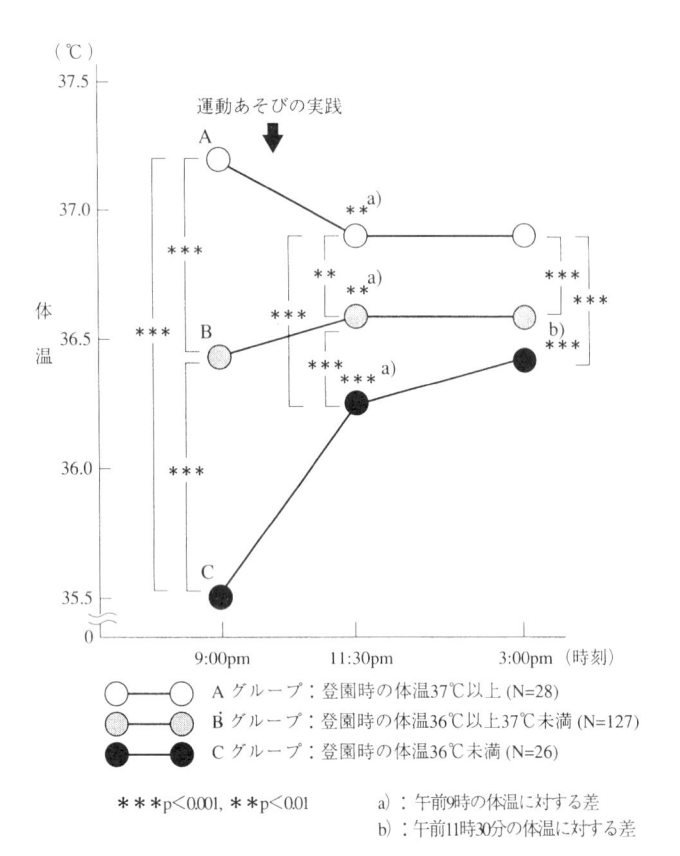

```
        (℃)
        37.5
                    運動あそびの実践
                 A        ↓
        37.0   ○         **a)
                          ○─────────○
      ***         **   **a)
      体           ***   ○─────────○  ***
      温 36.5   B○                    ***
                                      b)
                    ***  ***a)
                          ●─────────●
        36.0
          ***
                 C
        35.5   ●
           0
              9:00pm    11:30pm    3:00pm  (時刻)
```

○──○ Aグループ：登園時の体温37℃以上 (N=28)
○──○ Bグループ：登園時の体温36℃以上37℃未満 (N=127)
●──● Cグループ：登園時の体温36℃未満 (N=26)

＊＊＊p＜0.001，＊＊p＜0.01　　a)：午前9時の体温に対する差
　　　　　　　　　　　　　　　b)：午前11時30分の体温に対する差

　登園時の体温が37℃より低いBとCグループの幼児は、午前中の運動的なあそびの後に、いわゆる筋肉活動を通して産熱し、体温は上昇した。
　それに対し、登園時に37℃以上のAグループでは、午前中に3,209歩の歩数を確保し、B・Cの幼児よりも歩数が200〜400歩程度多いにもかかわらず、その体温は低下した。
　このことにより、登園時の体温が37℃以上であった幼児の放熱機能は、登園後の身体活動により活性化され、体熱放散への対応が速く、体温の低下を導いたものと推測された。

図3　登園時（午前9時）の体温別にみた5歳児の体温の園内生活時変動

| | 36℃未満 | 36℃台 | 37℃以上 |

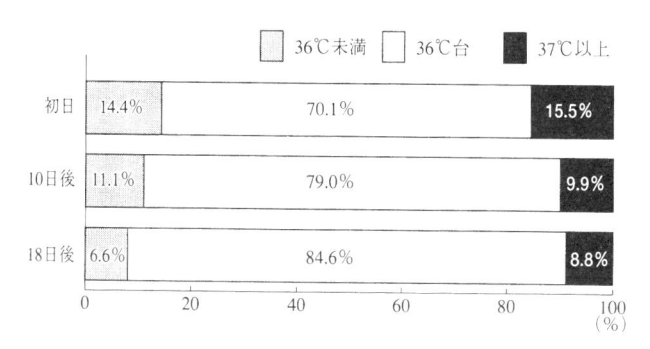

初日　14.4%　70.1%　15.5%

10日後　11.1%　79.0%　9.9%

18日後　6.6%　84.6%　8.8%

図4　5歳児181名に対する18日間の運動実践による体温区分割合の変化

　飛んだり、跳ねたりすることで、筋肉は無意識のうちに鍛えられ、体温も上がります。その結果、ホルモンの分泌がよくなり、自然に活動型の正常なからだのリズムに戻るのです。今の幼児には、運動が絶対に必要です。そのためには、大人が意識して、運動の機会を努めて設けていくことが欠かせません。

4. 生活リズム改善への提案

　早寝早起きで睡眠のリズムを整え、きちんと朝食を食べて徒歩登園すれば、体温はおのずと高まります。それが子どもたちの心身のウオーミングアップにつながり、いろいろな活動に積極的に取り組むことができるようになるのです。
　保護者のみなさんは、頭では理解しているでしょうが、

今日の夜型化した生活の中での実行となると、なかなか難しいようです。そこで、早寝早起きを実践するための具体的なアイデアを示してみます。

早寝、早起きの知恵として、それぞれ4つのポイントを挙げてみます。

(1) 早　寝

① 太陽の下で十分運動させ、心地よい疲れを得る。

　午前中だけでなく、午後3時以降の運動あそびを充実すれば、夕方にはおなかがすいて夕食に専念でき、午後8時頃には疲れがピークとなり、眠くなります。反対に昼、部屋の中でテレビを見たり、夕食前におやつを食べながらテレビゲームをすると、心地よい疲れが得られず、なかなか眠れません。

② 夕食と入浴を早めに済ませ、遅くまでテレビを見せない。

　テレビを見る時間や寝る時刻を決め、寝る前に飲食や過度な運動をさせないことが大切です。睡眠の前に活発に運動したり、光刺激を受けていくと、大脳が活性化して眠れなくなります。夜は入浴で体を温め、リラックスさせるのが一番でしょう。

③ 家族が寝る体制を作る。

　協力して子どもが安心して眠れる環境を作りましょう。寝室にテレビの音や話し声が聞こえないようにした上で、

静かで優しい音楽を流すのも良い方法です。
④　翌朝の通園が楽しみという雰囲気を作りましょう。

(2)　早起き

①　カーテンを薄めにし、朝日が射し込むようにしましょう。

　朝になったらカーテンを開け、外の新鮮な空気や陽光を部屋の中に入れます。また、ベッドの位置を窓の近くに移し、戸外の小鳥の鳴き声や生活音などが自然な形で入りやすくしましょう。

②　夜、寝ついたらエアコンを切り、例えば、冬は朝の寒気で自然に目覚めるようにしましょう。

③　楽しく起きることができるようにしましょう。

　おいしい朝食を作り、起きる時刻に子どもの好きな音楽をかけます。子どもの好きな目覚まし時計を使うのも良いでしょう。時には、朝食のにおいを流してみてはどうでしょうか。

④　親が早く起きて見本を示しましょう。

　子どもは、常に親の行動を見ていて、まねをすることを忘れないようにしましょう。

　要は、実現可能な目標を設定することが大切です。

決してたくさんではなく、1つずつです。なかなか難しいことと思いますが、安易に見過ごしてしまうと、将来、子どもの体と心に取り返しのつかないことが起こるかもしれません。

5. 食事の大切さ

キレる子、イライラする子、疲れやすい子に共通した特徴は、食生活が乱れていることです。キレる、荒れる、むかつく、イライラする、疲れている等、子どもたちの問題行動が低年齢化して、今では、幼児期にも、その一端が見受けられます。

これまで、子どもたちの発達相談や健康相談に携わってきますと、そのような子どもたちには、共通して「休養」「栄養」「運動」という健康を支える3要因が、しっかり保障されていないという背景に気がつきます。なかでも、1日のスタートを快く切るための朝の食事がしっかりしていません。欠食したり、食べさせてもらっても、菓子パン程度の物であったりして、食生活が乱れているのです。

また、食事は、栄養素の補給だけをするものではありません。家族のコミュニケーションを図る絶好の機会ともなり、心の栄養補給もしているのです。食は、「人に良い」と書きます。つまり、人を良くすることを育む貴重な機会なのです。子どもたちが良く育つためには、食の場は非常に

重要です。

　しっかり遊んだ後は、お腹がすいて、子どもは、必ず帰ってきます。食事を作って待機してあげてください。しかも、今日、食卓の6割以上が加工食品で占められている中で、新鮮な食材を使っての手づくりの料理はいいですね。お母さんの温かさや努力が伝わります。子どもは、お母さんの姿勢をしっかり覚えているものです。食事を作って待機してくれる家庭には、子どもの問題はほとんど生じません。いつも、温かいお母さんや家族が、一生懸命に食事を準備して待っていてくれるから、子どもの情緒は安定しています。食事の場は、自分の悩みが言えたり、聞いてもらったり、また、将来のことを相談したりできる、すばらしい家族のたまり場・居場所なのです。大きくなって、巣立ってからも、おふくろの味を思い出して帰ってきます。友だちを家に招待して、家族に会わせることをしたくなります。そんな温かい交流のある将来が持てるはずです。

　食卓という居場所が満たされていないと、子どもたちは帰ってきません。「家はうっとうしい」「居心地が悪い」「外の方がいい」といって、外出が多くなります。だんだん親からも離れていきます。そして、夜間徘徊も、自然に多くなります。

　だからこそ、家族の対話を増やすために、食事を家族といっしょに食べましょう。そして、食事を家で作り、子どもが帰りたい家にしましょう。わが家の決まりや行事を作っ

て、みんなで集いましょう。例えば、家族の誕生日会です。その時の食卓は、温かい、みんなの居場所となるはずです。

6. 心の居場所づくりを大切に
― 心のこもった料理で、家族のきずなを深めよう ―

　近年の子どもたちは、塾やクラブ活動の帰り等に、コンビニエンスストアで買い物やおしゃべりをしながら、その駐車場で自分たちの居場所を楽しんでいます。ときに、その居場所で、感情がぶつかり合ってケンカが起こり、犯罪へと結びついたケースが報道されています。

　最近の犯罪をみつめてみますと、問題行動を起こした少年少女の家庭では、次の3つの問題点が共通しているようです。

① 家族間の感情の交流の場が適切に持てていないこと。
　これまで、家族がいっしょに、ふれあいのある食事をすることで得られてきたはずの感情の交流が持てず、親子のつながりが希薄になっています。

② 保護者が、子どもの気持ちを理解せず、要求ばかりを押しつけてきたこと。
　目先のことや親の都合にこだわって、「早くしなさい」「○○をしなさい」と、子どもを追い立てています。

③ 保護者が、子どもとのかかわりを持とうとせず、愛情を育まなかったこと。

親の余暇を優先し、子どもとのかかわりを減少させています。

食の場面だけをみても、朝食をとらず、夜は1人だけで簡単な食事をする孤食の生活が心の居場所を失い、些細なことでキレル子どもや心を乱す子どもを作りだしているようです。また、食事をしても、家族が同一時間にそろうことがなくて、家族団らんの機会を持てなくしています。近年、ますます外食やファーストフード化による偏食傾向もみられるようになって、家族の一人ひとりが好きなものを食べる個食や1人で寂しく食べる孤食を余儀なくさせられている子どもたちが増加していますので、注意をしてください。

家族で食事をいっしょにすることにより、親は、子どもの好き嫌いのチェックができるだけでなく、正しい食事のマナーや社会のルールを子どもに伝えたり、子どもの抱える悩みや苦しみを察知したりできるのです。

そこで、子どもたちが、「家庭に自分の居場所がある」と感じるようにするためには、日頃から次の4つに気をつけていただきたいと思います。

① 食事や趣味の場を共有して、家族団らんの場を作ること。
② 親子で話したり、楽しんだりする共通体験の時間を作ること、とくに、子どもにできる手伝いや家事をさせること（買い物や家の掃除、布団の上げ下ろし、ゴミ袋出し等）。

③ 世話のやき過ぎを避け、子どもの自主性や自立性を育てること。
④ 子どもに対して、理不尽な怒りや禁止、批判をしないこと。

とにかく、家庭を子どもが落ち着ける場所にすることと、家族間の精神的なつながりや一体感が持てるようにすることが大切です。家族が食卓を囲み、心のこもった料理で家族のきずなを深めることが、目には見えない非行の抑止力となります。家庭の味、おふくろの味は、子どもの心に、強いインパクトを与えるのです。

子どもの非行や凶悪事件を防ぐには、子どもが安らげる場所、個性を生かせる場所、熱中できる場所、汗を流せる場所が、生活の中で必要です。つまり、心の居場所が必要なのです。

7. 幼児の食行動と食事のチェック
　— 食事のチェックで、
　　　あたたかい親子・家族のきずなを深めよう —

食生活を見直して、食事を家族全員が楽しむためのチェックをしてみましょう。

(1) お子さんの食べ方をチェックしてみてください。
　① 「いただきます」をして、食事を始めていますか？
　② 楽しそうに食べていますか？

③ よく噛んで食べていますか？
④ 落ち着いて食べていますか？
⑤ 食事やおやつを決まった時間に食べていますか？
夕食直前のおやつはダメだよ！
⑥ 家族の人とかかわりをもって食べていますか？
テレビを見ながらの食事はダメだよ！
⑦ スプーンやフォーク（1歳半）、おはし（3歳以上）を使って食べることができていますか？
⑧ 食事が終わったら、「ごちそうさま」をしていますか？

(2) 食欲や健康づくりにつながるお子さんの生活をチェックしてください。
① 夜は、9時頃までに寝るようにしていますか？
② 朝、ウンチをしていますか？
③ 歩いて、通園やおつかいができていますか？
④ 身体を動かす運動あそびをして、汗をかいていますか？
⑤ 戸外を好んで遊んでいますか？
⑥ 友だちと関わっていっしょに遊んでいますか？
⑦ 身体を動かすお手伝いができていますか？
⑧ 夜は、お風呂に入ってゆったりできていますか？

(3) 今度は、保護者の方の自己点検です。

食事づくり、食べ物の組み合わせ、生活をふり返ってチェックしてみましょう。
① 味のついていない白いごはん・パンの主食（食事の中心で炭水化物を多く含み、エネルギー源になる）はありましたか？
② 魚や肉、卵、大豆製品などを主材料にした主菜（主なおかずのことでたんぱく質や脂質を多く含む）はありましたか？
③ 野菜やいも、海草などを主に使った副菜（カルシウムやビタミン、食物繊維などを多く含み、食事全体の味やいろどりを豊かにする）はありましたか？
④ うす味を心がけましたか？
⑤ 食の材料をうまく組み合わせてみましたか？
⑥ 子どもの発育・体調に合わせて、食事の種類や量、大きさ、固さを工夫していますか？
⑦ お子さんの自分で食べようとする意欲を大切にしていますか？
⑧ 食事について、家族や身近な人と話をして、良いアイデアを参考にしていますか？
　以上のチェック項目は、家族みんなの心がふれ合って、味わいのある食事ができるようになるために、健康生活上、必要と思われる事柄を考えてみたものです。全部で24項目あります。現在、親子共々できている項目に○印をつけ、その数を健康点数として記録し、今後、少しずつ、今より

良い展開ができるよう、意識して生活をしてみましょう。きっと、毎日、子どもの笑顔でいっぱいになることでしょう。

8. 子どものおやつとスポーツ飲料
― 基本的な考え方と有効利用の方法 ―

　幼児をもつお母さん方からの質問で多いものの中に、おやつやスポーツ飲料に関するものがあります。「いつ与えたらいいのですか?」「どんなものを与えたらよいのでしょうか?」「虫歯にはなりませんか?」等です。

(1) おやつの与え方
　幼児期のおやつについて、基本的に大切な事柄をお伝えしましょう。
① 食間（例えば、午前10時・午後3時頃）に与え、あとの食事に差し障りのないようにすることが大切です。つまり、昼食や夕食の直前には与えないようにすることがポイントです。食べる時間を決めて与えてくださいね。
② おやつは、袋ごと与えないで、小袋に入れたり、皿にもったりして、子どもにふさわしい量を決めることが大切です。少量でも、よく噛んで食べることのできるものがいいですね。
③ 甘味の強いものや油分の多いものは、なるべく避けましょう。

④ 食べた後は、歯磨きをさせましょう。歯磨きを楽しく行える雰囲気づくりの工夫をし、実践に結びつけてくださいね。

(2) おやつの内容

今日、おやつとして与えているものを聞いてみますと、チョコレートやビスケット、キャラメル、ラムネ菓子、ポテトチップス、アメ等が多く、なかなか果物類は出てきません。

口の中に長い時間、甘いものが留まるような菓子類は、努めて控えた方がよいでしょう。例えば、アメやラムネ菓子などですね。とくに、甘味の強い食べ物は、虫歯の原因になりやすいので、できれば、果物を噛ませて食べさせることをお勧めします。りんごや柿などの果物を噛ませて食べさせると、唾液が出て、歯垢(しこう)の付着が減る利点があります。歯垢は、歯並びのくぼみ等にたまった食物のかすを栄養とする微生物が、歯の表面についたもののことです。

(3) キシリトール

さて、保護者からの質問で多いのは、キシリトール入り菓子についてです。キシリトールとは、糖アルコールの一種で、虫歯の原因になりにくい代替甘味料で、1997年から食品添加物としての使用が許可され、菓子に多く含まれるようになってきたものです。

虫歯は、主にミュータンス連鎖球菌という細菌が、摂取した砂糖を利用して酸を作り、歯を溶かしていくからなるのです。また、歯は、水素イオン濃度pH5.5で溶け始めますが、このキシリトールは、ミュータンスの栄養にならない糖であるとともに、口腔内の水素イオン濃度pHを5.7以下にすることはないのです。つまり、虫歯は、pH5.5以下の状態が長時間続くことにより、発生するようです。

ただし、現在では、キシリトールは、砂糖に比べて製造コストが非常に高く、商品単価が上がってしまうため、甘味料として、その全量を置き換えることが難しいようです。そのため、他の糖アルコールを混ぜたり、砂糖や水飴を併せて使用したりしていることがあり、虫歯予防の効果に疑問が残るのも事実です。

9. 快便のススメ

近年、朝食を欠食し、保育園や幼稚園に着いてからボーッとしている子どもが目立ってきました。このような子どもは、きまってウンチをしていません。仮に朝食はとったとしても、スナック菓子程度では、成長期の子どもが必要とする食事の質と量としては不十分で、ウンチも出ません。また、登園中の車内や、園近くの駐車場での食事では、情緒的にも安定しません。あわてて食べて園に駆け込むのでは、子どもたちがかわいそうです。こういった子どもは、

朝のあそび中にウンチをします。友だちとの社会性を育むあそびの最中に便意を生じ、トイレに駆け込まなければなりません。これでは、健康的なウンチは出ませんし、人と関わる力も育ちません。

　子どもの排便の実態をつかもうと、私は、これまでに幼児の生活調査を実施してきました。すると、2003年度報告[4]では、「朝、排便をしない」、「朝の排便の習慣が定着していない」幼児が約8割にのぼりました。これは、子どもの生活の危機です。

　便は、食べものが体内で消化吸収された残りかすで、長い腸を通って出てきます。つまり、腸の中に満ちるだけの食べものがなければなりません。朝食を欠食すると1日2食となり、腸内の量が満たされず、便秘しがちになります。便が一定の量にならないと、排便のための反射を示さないため、食事の内容は便の重さを作るものでもあることが求められます。

　朝食を食べなかったり、食べてもスナック菓子であったりすると、重さも量も不足します。とくに、菓子パンと牛乳といった簡単なものですと、食物の残りかすができにくく、便秘しがちになってしまいます。

　また、便には、ほどよい柔らかさが必要です。とりわけ、朝の水分補給は大切です。みそ汁やスープなどをしっかりとらせてください。卵や魚、肉などのたんぱく質の多い主菜だけに偏ると、便秘しがちになりますが、野菜や芋、海

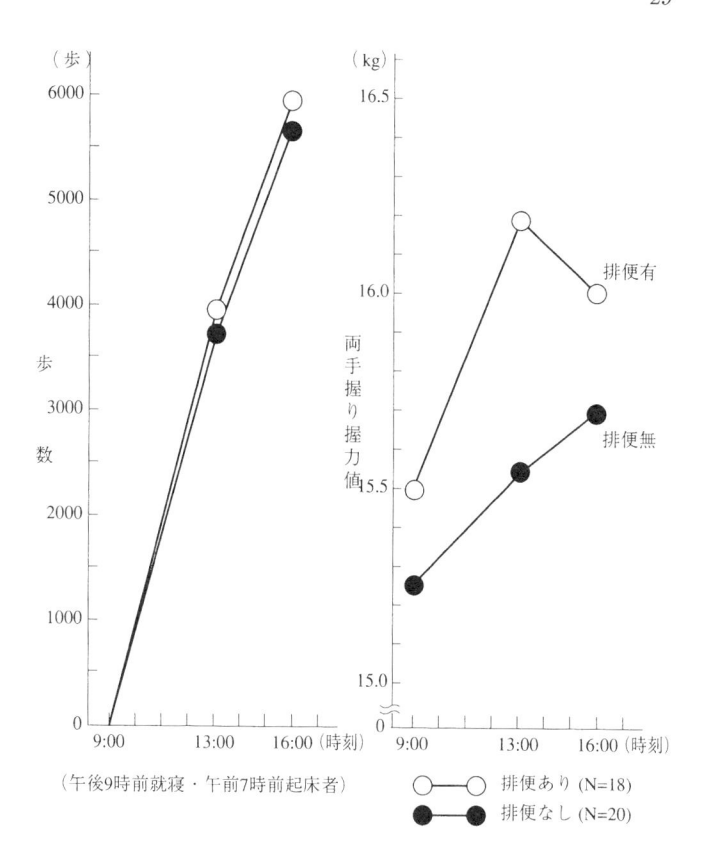

図5 排便の有無別にみた5歳児の歩数と両手握力値

草でつくる副菜は排便を促します。心地よい排便には、食事に主菜と副菜の両方が整っていることが大切です。

　排便の不調は、十分な量の朝食と時間的なゆとりをつくることで、解決できそうです。そのためには、早めに就寝し、十分な睡眠時間と質のよい睡眠を確保することが欠かせま

せん。食欲は、朝、起きてすぐにはわきません。早起きをして胃が空っぽのところへ食物を入れれば、その刺激を脳に伝えて大腸のぜん動運動が始まり、便意をもよおします。また、朝食を食べても出かけるまでに30分はないと、排便には至らないことが多いようです。

朝、排便をすませていないと、日中十分に筋力を発揮できず（図5）、快適に活動できない[5]こともわかっています。子どもたちには、ぜひ朝食を食べさせた上で、排便をすませ、ゆとりを持って登園させたいものです。

10. 戸外で汗の流せる「ワクワクあそび」のススメ

近年、あそび場（空間）やあそび友だち（仲間）、あそび時間（時間）という3つの間（サンマ）が、子どもたちのあそびの世界から激減して、子どもたちの心とからだにネガティブな影響を生じています。これを、間抜け現象ということにしましょう。

この間抜け現象が進行する中で、気になることは、子どもたちの大脳（前頭葉）の働きが弱くなっているということです。鬼ごっこで、友だちから追いかけられて必死で逃げたり、木からすべり落ちそうになって一生懸命に対応策を試みたりすることによって、子どもたちの交感神経は高まっていきますが、現在ではそのような架空の緊急事態がなかったり、予防的に危険そうなあそびは制止され過ぎて、

発育発達上、大切な大脳の興奮と抑制体験が、子ども時代にしっかりもてないのです。

あそびを通して、友だち（人）とのかかわりの中で、成功と失敗を繰り返し、その体験が大脳の中でフィードバックされていくと、大脳の活動水準がより高まって、おもいやりの心や将来展望のもてる人間らしさが育っていきます。

また、ワクワクして熱中するあそびの中で、子どもたちは運動エネルギーをしっかり発散させて、情緒も安定し、さらに時間の流れや空間の認識能力をも発達させていきますが、この3つの「間」が保障されないと、小学校の高学年になっても、興奮と抑制のコントロールのできない幼稚型のままの状態でいることになります。つまり、興奮することもなく、あるいは、興奮だけが強くなって抑えが効かない状態で、人との交流も非常に下手で、将来の計画を培うことも不得手となるのです。つまり、大人に向かう時期になっても、押さえがきかなく、計画性のない突発的な幼稚型の行動をとってしまうのです。

なお、「子どもたちの姿勢も、近年、悪くなってきた」といわれており、その原因としては、テレビを見る姿勢が悪い、注意してくれる大人がいない、体力が弱くなって姿勢を維持できない等の理由が挙げられています。しかし、悪い姿勢の子どもが増えてきたことは、単に生活環境や姿勢を保つ筋力低下の問題だけではないような気がします。私が思うに、前頭葉の働きが弱くなっているがゆえに、脳の中で、

「良い姿勢を保とう」という意志が起こらなかったり、そういう意志が持続しなかったりしていることも、大きな原因の1つだと考えています。

　子どもたちと相撲や取っ組み合いのあそびをしてみますと、汗だくになって、目を輝かせて何度も何度も向かってきます。今も昔も、子どもはいっしょです。そうやって遊び込んだ時の子どもは、興奮と抑制をうまい具合に体験して、大脳（前頭葉）を育てているのです。今の子どもは、そういう脳やからだに良いあそびへのきっかけがもてないのでしょう。

　世の中に便利な物が増えて、生活が快適になってきますと、その中にどっぷり浸かる人間が増えてきます。生活の中で一番育ちの旺盛な幼少年期に、からだを使う機会がなくなると、子どもたちは発達しないうちに衰えていきます。今の子どもは、放っておけば自然と成長するのではなく、悪くなることの方が多くなった気がします。便利で快適な現代生活が、発育期の子どもたちの発達を奪っていきますので、今こそ、みんなが協力し合って、子どもの心とからだのおかしさに歯止めをかけなければなりません。

　そのためには、まず、子どものあそびを大切にした以下の共通認識をもつことが大切です。

　①　あそびの中の架空の緊急事態が、子どもたちの交感神経を高め、大脳の働きを良くします。

　②　あそびの中では、成功体験だけでなく、失敗体験も、

前頭葉の発達には重要です。
③ 子どもたちには、日中にワクワクする集団あそびを奨励しましょう。1日1回は、汗をかくくらいのダイナミックな外あそびが必要です。

11. 運動量の確保

健康に関する重要な課題の1つとして、生活リズムの確立に加え、「運動量の確保」が挙げられます。とくに、子どもにとって午前中、活動意欲がわくホルモンが分泌されて体温が高まっていく時間帯の戸外あそびは重要で、成長過程における必須の条件といえます。

では、幼児にはどのくらいの運動量が必要なのでしょうか？「歩数」を指標にして運動の必要量を明らかにしてみます。調査[6]によると、午前9時から11時までの2時間の

活動で、子どもたちが自由に戸外あそびを行った場合は、5歳男児で平均3,387歩、5歳女児2,965歩、4歳男児4,508歩、4歳女児が3,925歩でした（図6～図9）。室内での活動は、どの年齢でも1,000～2,000歩台で、戸外の活動より少なくなりました。

また、自然の中で楽しく活動できる「土手すべり」では、もちろん園庭でのあそびより歩数が多く、5歳男児で5,959歩、5歳女児で4,935歩、4歳男児で4,933歩、4歳女児で4,114歩でした。さらに、同じ戸外あそびでも、保育者がいっしょに遊んだ場合は、5歳男児で平均6,488歩、5歳女児5,410歩、4歳男児5,323歩、4歳女児4,437歩と、最も多くの歩数が確保されました。環境条件（自然）と人的条件（保育者）のかかわりによって、子どもの運動量が大きく増えることを確認しました。

戸外あそびを充実することで、子どもたちは運動の快適さを身につけます。その中で、人や物、時間への対処をしていくことによって、社会性や人格を育んでいくのです。子どもたちが、一番、活動的になれるのは、生理的にみると、体温が最も高まっている午後3時から5時頃です（図10）。この時間帯にも4,000～6,000歩は確保したいものですが、近年は仲間や遊び場が少なくなっていますので、せめて半分の2,000～3,000歩程度は動く時間を保障したいものです。

午前11時から午後3時頃までの生活活動としての約1,000歩を加えると、1日に7,000～10,000歩を確保することが可

能になります。そのためにも、魅力的なあそびの環境を提供し、保育者や親があそびに関わることが、近年、とくに重要になってきました。

運動あそびの伝承を受けていない現代っ子ですが、保育者や親が積極的にあそびに関わっていけば、子どもと大人が共通の世界を作ることができます。そして、「からだ」と「心」の調和のとれた生活が実現できるのではないでしょうか。

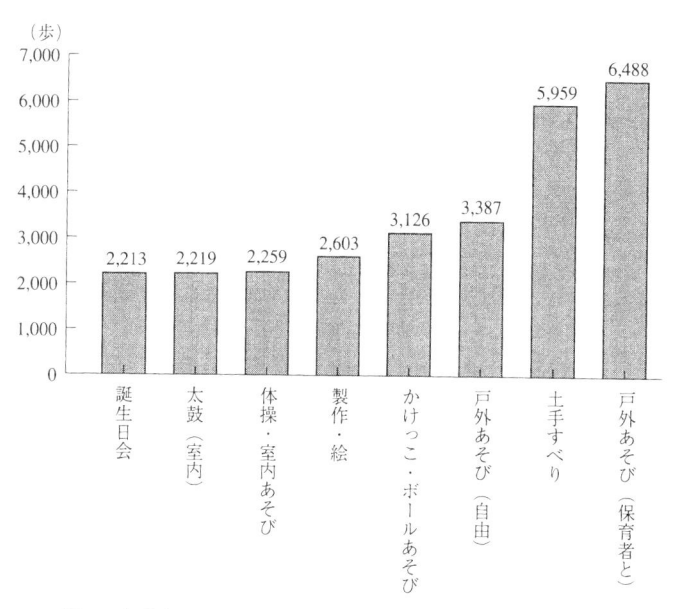

図6 午前中の活動別にみた幼児の歩数（5歳男児　N＝14）

活動	歩数
誕生日会	2,213
太鼓（室内）	2,219
体操・室内あそび	2,259
製作・絵	2,603
かけっこ・ボールあそび	3,126
戸外あそび（自由）	3,387
土手すべり	5,959
戸外あそび（保育者と）	6,488

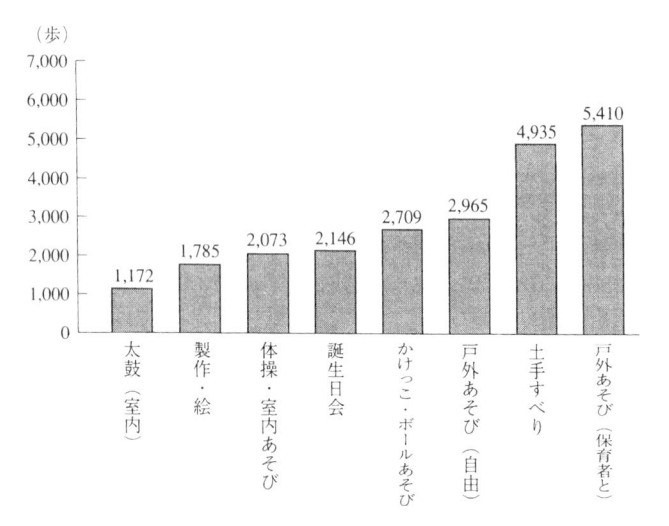

図7 午前中の活動別にみた幼児の歩数（5歳女児　N＝19）

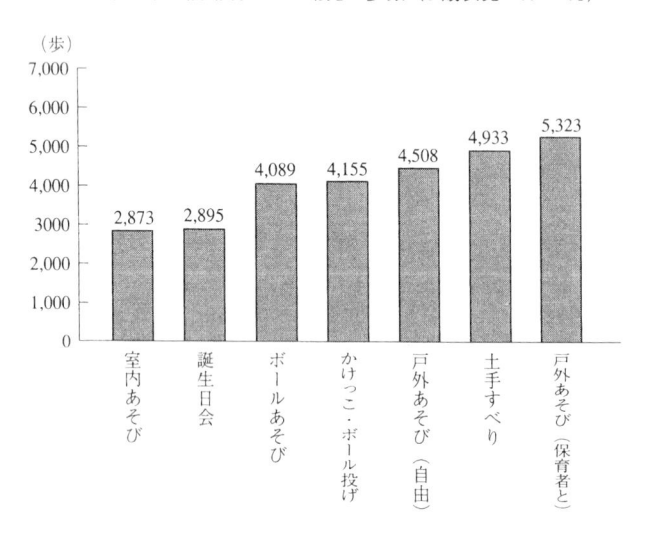

太鼓（室内）　1,172
製作・絵　1,785
体操・室内あそび　2,073
誕生日会　2,146
かけっこ・ボールあそび　2,709
戸外あそび（自由）　2,965
土手すべり　4,935
戸外あそび（保育者と）　5,410

図8 午前中の活動別にみた幼児の歩数（4歳男児　N＝22）

室内あそび　2,873
誕生日会　2,895
ボールあそび　4,089
かけっこ・ボール投げ　4,155
戸外あそび（自由）　4,508
土手すべり　4,933
戸外あそび（保育者と）　5,323

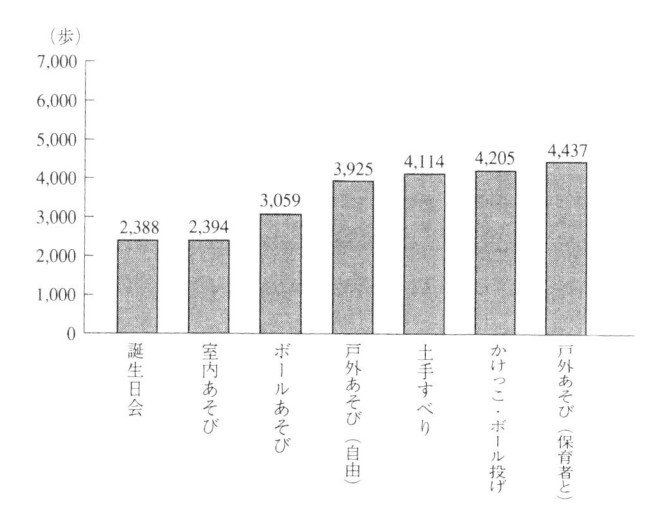

図9 午前中の活動別にみた幼児の歩数（4歳女児 N＝18）

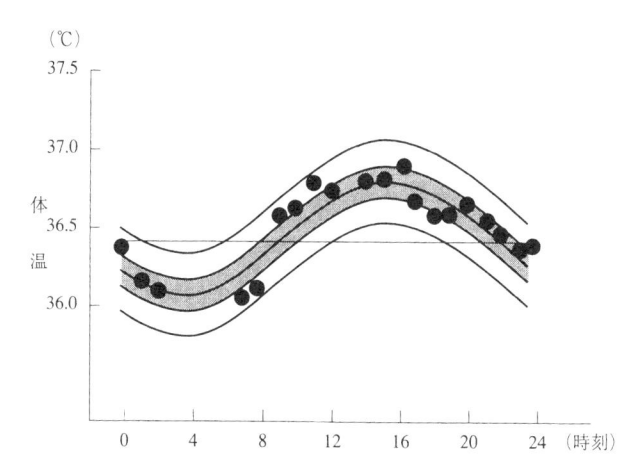

誕生日会 2,388
室内あそび 2,394
ボールあそび 3,059
戸外あそび（自由）3,925
土手すべり 4,114
かけっこ・ボール投げ 4,205
戸外あそび（保育者と）4,437

図10 体温概日リズムに対する最適余弦曲線の当てはめ、およびその信頼区間と棄却限界（佐々木、1987）

12. 正しい姿勢

　近年の子どものあそびは、戸外での運動が減る一方、室内でのゲームやテレビ、ビデオ等を利用した対物的なあそびが激増しています。しかも、寝転んだ状態や猫背の状態が続いており、決して望ましい姿勢がとれているとはいえません。

　姿勢の悪さは、身体に様々な悪影響を及ぼします。例えば、脊椎が曲がって変形する脊椎側弯をはじめ、近視、胃腸障害などが挙げられます（表3）。テレビ視聴や室内あそびの際、頬杖をついたり、片方の肘をついて片側に身体を寄りかからせたりするような姿勢を続けると、背中や肩の筋肉の使い方が不均等になり、肩や背中、腰が痛みやすく、脊椎側弯を生じます。また、テレビや本と目の距離が近すぎると、近視や猫背になります。とくに、猫背では、背中が丸くなるため、胸が狭くなって肺が十分に拡張せず、肺の働きが低下します。胃腸も胸部から圧迫され、胃腸障害が起こります。さらに、視力が悪化したり、疲れやすくなったりするため、勉強が長く続けられなくなります。

　悪い姿勢の主な原因を調べると、だらしない姿勢でテレビを見る様子が確認されました。夜型化した文明社会での子どもの生活行動を考え直し、動作や姿勢を見直すことが欠かせません。また、親や家族が、子どもの姿勢の悪さを

表3　不良姿勢の害

問　題	原因や問題となる状況
脊椎側弯	頬杖をついたり、片肘をついて、片側に身体を寄りかからせての不自然な姿勢での生活（読書や学習）が続いていたため、背中や肩の左右の筋肉の使い方が不均等になり、肩や背中、腰が痛みやすくなる。
猫　背	背中が丸くなると胸が狭くなり、肺が十分に拡張しない。肺活量が十分のびない。肺の働きが低下する。胃腸が胸部から圧迫され、胃腸障害がおこる。
近　視	眼と本やノートとの距離が近すぎるため、顔を真下に向けて本を見ていると、眼球はそれ自体の重みで眼窩の中で下の方に下がろうとするが、視神経によって眼球の後方は上の方につり上げられた形となり、眼軸がのびる。
ぎっくり腰（椎間板ヘルニア）	重い物を持ち上げるとき、腰や膝を十分に曲げないで、背骨だけに負担がかかっておこる。
へっぴり腰	腰だけが後ろにとり残された状態。腰をまっすぐにして、その上に背骨が正しくのった状態とでは、身長にして1～2cmの差がみられる。身長が高く、すらりとした身体に見えない。

（前橋　明：姿勢と座り方、運動・健康教育研究7(1)、pp.7-14、1997）

注意しなくなったことも背景といえます。子どもの健康管理について、保護者の意識を高めることが必要でしょう。

　大人は、もっと真剣に子どもの体づくりや姿勢教育のことを考えていかねばなりません。小学校低学年頃までは、まだ骨格が固まっておらず、悪いくせもついていないので、それまでに正しい姿勢や良い姿勢を身につけるように指導していくことが極めて重要です。一度、悪い姿勢が身につ

くと、矯正するのに時間がかかり、後で大きな努力が必要となります。

　姿勢をよくする体操としては、背筋や腹筋を強くする動きを主に行わせたいものです。体操によって矯正する場合、小学校低学年期には、全身の均整のとれた発育と、自由に動く身体をつくることをねらってください（図11）。また、高学年期に入ると、矯正に必要な体操を反復させることが大切でしょう。

姿勢矯正
- 装具・固定具を用いる方法 → 使用中はからだの一部あるいは筋の一群の運動をおさえる。
- 体操によって矯正する方法 →
  - （小学校低学年）全身の均整のとれた発育と自由に動くからだづくりをねらう。
  - （小学校高学年）矯正に必要な体操を反復して行わせる。姿勢よくする体操としては、背筋や腹筋を強くする体操を主に行わせる。

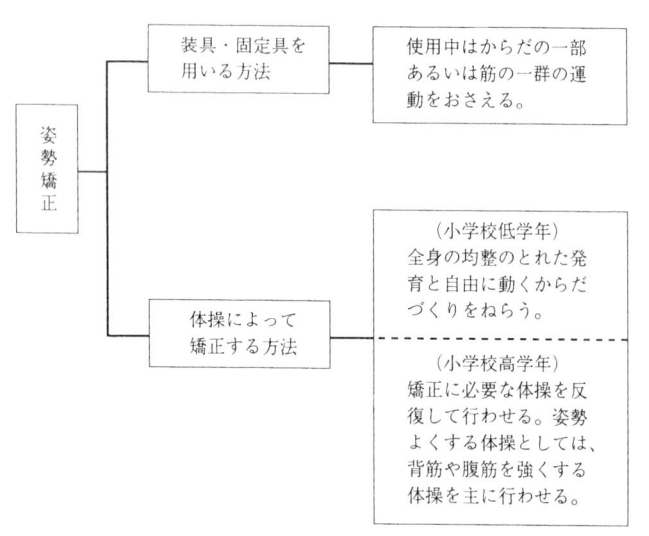

図11　姿勢矯正の方法
（前橋　明：姿勢と座り方、運動・健康教育研究7(1)、pp.7-14、1997）

表4　立っているときの姿勢のポイント

姿　　勢	ポ　イ　ン　ト
立位姿勢	(1) 両足は平行にし、体重を足全体にかける。 (2) 膝は伸ばしたままで、力を抜く。 (3) 背中を伸ばし、胸をはり、おなかを引く。 (4) 肩を軽く下げ、両手を自然に垂らす。 (5) 頭を上げて、顎を引く。
歩行姿勢	(1) 前方に身体を倒して、重心を前方に移動。 (2) 膝の力を抜いて太ももを前に上げ、膝から下を太ももの動きに応じて前に移動する。 (3) 残った方の下肢を伸ばし、足で地面を蹴る。同時に前方に移動した足を地面につけ、重心をその足に移す。 (4) 腰から上は、まっすぐに伸ばす。 (5) 上肢を下肢と左右反対の関係をもって、左右交互に振る。
持ち上げ姿勢	(1) 腰と膝を十分に曲げる。 (2) 背骨と腰と膝で、物を持ち上げる。 　　（ぎっくり腰の予防）
肩かけ姿勢	(1) 一方の手や肩だけで持たない。 (2) 左右を時々、交換する。

（前橋　明：姿勢と座り方、運動・健康教育研究 7(1)、pp.7-14、1997）

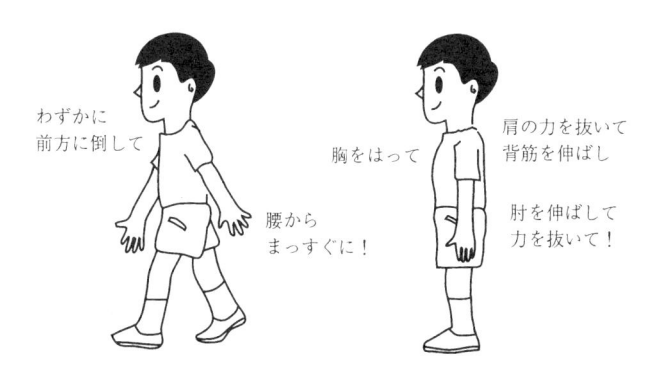

日頃の心がけとしては、①立っている時、肩の力を抜いて背筋を伸ばす、②全身を平等に運動させて柔軟さを培う、③物を持ち上げる時は、腰と膝を十分に曲げ、膝の伸展運動を利用する、④肩に物をかけて運ぶ際は、一方の手や肩だけで持たず、左右を時々交換する、⑤読書中は、目と本との距離を30ｃｍ以上離す、⑥寝転んでの両足上げやブリッジ等で腹や背中の筋肉を強くし、身体をしっかり支えられるようにする等に留意してみてはいかがでしょうか（表4）。

13. ケガと体力

　私が子どもの頃は、よくケンカをしました。相手が泣いたら「勝ち」という暗黙のルールもあり、それ以上は決してしませんでした。しかし、今の子どもたちには、それがないように思います。ケンカをしたことがないから、あるいは、とことんさせてもらったことがないから、限度や恐ろしさがわからないのかもしれません。

　あそびの中でケガをすることもよくありましたが、それは小さなケガでした。例えば、柿をとろうとして小枝にぶら下がると、枝が折れて尻もちをついたり、膝をすりむいたりしました。トゲが刺さって小さな痛みを感じ、その経験から柿の木は折れやすいことを知り、これ以上、上に登ると危険であることも体得しました。また、木切れをとってきては、よくチャンバラごっこをしました。小さい頃から、

手に木切れが当たって「痛い思い」を経験しており、わが身で感じた痛さは決して忘れませんでした。

このようにして大きくなると、ケンカをしても「こうすれば、相手も本当に痛い」ということをよく知っているため、安全の限界を超えるたたき方や殴り方はしません。かつては、人を傷つけることの重大さを、からだを通して自分のこととしてとらえる学習ができていたのでしょう。

しかし、現代っ子は、「友だちをバットでたたいたら、腕が折れてしまった」と何気なく言います。彼らの「小さなケガの経験の乏しさ」に、寂しさと恐ろしさを感じます。いわば、「小さなケガの経験は、大きな事故を防ぐ」ということでしょうか。危ないからといって、危険を避けてばかりいては、いつまでたっても人と安全に関わったり、物を正しく安全に扱ったりする知恵は身につきません。

小学校に入ってからよく使ったナイフについても同様です。子どもの世界から「危険なもの」として遠ざけられて、何年がたったでしょうか。その結果、鉛筆1本、リンゴ1つをむくことができない人間を多く生み出しました。

それどころか、ナイフを使った子どもの事件は後を絶ちません。使ったことがないから、ナイフの持っている利点も、恐ろしさもわからないのかもしれません。まがりなりにも、私たち大人が包丁を使えるのは、鉛筆や紙を切る時にナイフで何回か手を切った経験があるからでしょう。ケガは、子どもの勲章です。小さなケガから逃げるより、ケ

ガを克服することによって得るものの方が多かったことを、私たちは忘れてはなりません。

　また、今日の子どもたちの体力についても、生活が便利になることで、「日頃から歩かない」「徒歩通園をしない」「耐性がなく、ぶら下がりあそびはすぐやめてしまう」、異年齢でのたまり場あそびの中で学ぶ機会がないので、ダイナミックで多様なあそびをすることがなくなり、その結果、手足をついて這ったり、ころげまわる動きや逆さになるあそびが少ないため、基礎体力をはじめ、脚力や腹筋力、背筋力、巧緻性や回転感覚、逆さ感覚が弱かったり、身につかなかったりするのは当然のことです。

　とことん遊んで疲れることが大切です。疲れず、身なりを整えたままのきれいな生活を送らせるよりは、泥んこになって、身体をしっかり動かして疲れることにより、生きる力を支えてくれる体力がついてくるのです。身体に負荷を与えて疲れる経験をさせないと、体力は高まりません。今日、問題の「遅寝の生活リズム」も、子どもたちが日中に身体を動かして疲れることで、自然に解決していくものです。

14. 紫外線と戸外あそび

「紫外線がシミやシワを生み、老化だけでなく、癌をも誘発する」「オゾン層の破壊・減少によって、紫外線による害は、ますます増える」……このような情報を耳にして、保育園や幼稚園に対し、「わが子を太陽の下で遊ばせないで」「裸でプールへ入れないで」といった過剰な要望をする保護者の方が増えてきました。このため、保育者の研修会では、先生方から「太陽の下での戸外あそびについてどう考えたらよいのか」「プールは禁止にしなければならないのか」等という質問をよく受けます。

確かに、殺菌作用があり、布団干しや日光消毒に有益な紫外線（Ｃ波）でも、その量が多すぎると、皮膚の細胞を傷つけることがあるのです。また、エリテマトーデスという病気の人は、日光過敏症があって発疹が出ますから、日光を避けなければなりません。ですから、医師から特別な理由で陽光を避けたり、控えたりする指示をいただいているお子さんの場合は、必ず医師の指示に従ってください。

しかしながら、普通の子どもの場合は、日常生活で受ける紫外線はまず問題ないと考え、戸外で積極的に運動した方が良いでしょう。日常、私たちが受ける紫外線の主な光源は太陽ですが、短い波長の紫外線は大気圏のオゾンに吸収され、中でも短いＣ波は自然界では大気中でほとんど吸

収されます。このため、日常生活中に受ける紫外線で皮膚癌にかかる可能性はまずないと思ってください。むしろ、健康や身体づくりに欠かせない紫外線の効果に目を向けていただきたいのです。

　紫外線は、電磁波の総称で、波長の長さによってA波（長波長）とB波（中波長）とC波（短波長）の3種類に分かれています。この中で、健康に欠かせないのがA波とB波で、A波には細胞の活動を活発にして、その生まれ変わりを促進させる作用があります（日光浴）。B波には、皮膚や肝臓に蓄えられたビタミンD_2をビタミンD_3に変える役目があり、食物から摂取したカルシウムを体内カルシウムに再生して、生きる力のベースである骨格を作り、神経伝達を良くします。つまり、日光浴や戸外あそびによって骨が丈夫になり、運動神経が良くなるのです。骨粗しょう症の予防にも、日光浴は重要な因子となります。また、ビタミンD_3は免疫能力を高めるので風邪を引きにくく、病気の回復が早まります。このビタミンD_3は、食べ物から摂ることはできず、体が紫外線を浴びることでしか作れないのです。

　日常、浴びる紫外線に発癌のリスクがあれば、厚生労働省や文部科学省をはじめとする政府の関係機関は、戸外あそびやプールでの戸外活動を禁止するはずですから、子どもたちの健康生活のためにも、現状では、成長発達を促進する外あそびや運動を積極的に行うことの方が大切なのです。

15. ガキ大将の役割

　今日、都市化や少子化のあおりを受けて地域のたまり場あそびが減少・崩壊し、ガキ大将の不在で、子どもたちが見取り学習をしていたモデルがいなくなりました。運動のスキルは、放っておいても身につくものだと考えている人が多いですが、これは大変な誤解です。

　かつては、園や学校で教えなくても、地域のガキ大将があそびをチビッ子たちに自然に教え、見せて学習させていました。子どもたちは、見たことができないと、仲間から馬鹿にされるので、泣きながらも必死に練習しました。時には、あそびの仲間に入れてもらいたいがために、お母さんにたのんで陰の特訓をした子どもたちも多くいました。運動スキルの習得には、それなりの努力と練習があったのです。

　今は、そんなガキ大将や年長児不在のあそびが多いわけですから、教わること・練習することのチャンスに恵まれない子どもたちでいっぱいなのです。親や保育者の見ていない世界で、運動スキルや動作パターンを、チビッ子たちに教えてくれていたガキ大将の代わりを、いったい誰がするのでしょうか？　スポーツクラブや体育教室に行かないと学べないのでしょうか？

　つまり、異年齢集団でのたまり場あそびの減少・崩壊に

より、子ども同士のあそびの中から、いろいろなことを教わり合う体験や感動するあそび込み体験のない中で、今の子どもは、必要なことを教えなければ、学んだことの活用もできない状態になってきています。

　親だけでなく、保育者・教師も、子どもたちの見本となって、運動スキルや動作パターンを見せていく機会を真剣に設けていかねばならないと考えます。運動スキルの学習は、字を書き始める作業と同じで、お手本を見ただけでは、うまくいきません。手やからだを支えたり、持ってあげたりして、いっしょに動いてあげないと、習いはじめの子どもにはわかりませんし、スキルが正しく身にもつきません。場所と道具を揃えたあそび環境だけを作って、満足していてもダメなのです。

　したがって、子どもたちが自発的にあそびを展開していくためには、まず、基本となるあそびや運動の仕方を、かつてのガキ大将やあそび仲間にかわって実際に紹介する必要があります。そして、子どもたちが自発的にあそびを展開したり、バリエーションを考え出したりして、あそびを発展させるきっかけをつかんだら、大人は、できるだけ早い時期に、主導権を子ども側に移行していく基本姿勢が大切です。

　今、子どもたちには、親や保育者、教師が「動きの見本を見せる努力」と、「子どもといっしょにダイナミックに遊ぶ活動力や熱心さ」が必要とされているのです。

16. 心地よい空間

　私が子どもの頃は、道路や路地でよく遊びました。遠くへ遊びに行くと、あそびの種類が固定されましたが、家の前の道路で遊んでいれば、あそびに足りない道具があっても、すぐに家から持ってくることができました。石けりに飽きたらメンコを取りに帰り、メンコに飽きたら空き缶をもらいに帰って、缶けりを始めました。遊び場が遠くにある場合、道具や必要なものを取りに帰って再び集まろうとすると、どうしても時間がかかってしまいました。だから、家から近い遊び場は、それがたとえ道路であっても、居心地の良い空間だったのです。

　また、道路や路地もアスファルトでなく土だったので、絵や図を描いたり、ゲームをしました。もちろん、地面を掘り起こして、土あそびもできましたし、雨が降ると、水たまりができるので、水あそびをすることもしばしばでした。地面は、あそびの道具でもあったのです。相撲をしても、アスファルトと違い、転んでもさほど痛くなく、安全でした。親は、家の台所から子どもたちの遊んでいる様子が見えるため、安心していました。いざという時にも、すぐに助けることができました。

　子どもは長い間続けて活動できない代わりに、休息の時間も短く、活動と休息を短い周期で繰り返します。集中力

の持続が難しい幼児期はなおさらです。そうした意味からも、家の近くの路地は子どもにとって短い時間であそびを発展させたり、変化させることができる都合の良い場所だったのです。

　今日は、住宅街の一角に必ず、緑を整えたおちつける公園があります。しかし、単に地区の1か所に安全なスペースを用意して「子どものための遊び場を作りましたよ」と呼びかけても、子どもたちはあまり遊ぼうとしないのです。自由にはしゃぐことができなければ、子どもは自由な活動を自制してしまうのです。「静かにしなければ迷惑になる」「土を掘ってはだめ」「木登りや球技は禁止」といった制約の付いた空間は、子どもの遊び場には適しません。

　確かにこうした禁止事項は、公園の美観を維持し、利用者の安全を大切にするためには必要かもしれませんが、子どもの成長や発達にとって決して好ましいことではないのです。

　やはり、子どもには自然の中で縄を掛けて木と木の間を渡ったり、地面を掘って基地を作ったりするといった、子ども自身の豊かなアイデアを試みることのできるあそびの場が必要なのです。あそびの実体験を通して得た感動は、子どもの内面の成長に欠かせません。そして、そこから自ら考え、学ぶ姿勢が育まれていくのです。

17. 子どもにとっての安全なあそび場

　子どもの行動は実に多様で、予想外の場所や動きから、大きな事故の発生することが予測されます。子どもたちが健康でケガや事故のない生活を送るためには、私たち大人が、子どもの利用する施設や設備の環境整備を十分に行い、毎日の安全点検を怠らないことが基本です。それと同時に、あらゆる場所で発生する事故を予測し、未然に防ぐための、子どもたちへの指導や配慮も必要です。せっかく安全な環境が整っていても、安全指導が欠けていたために事故につながることは問題です。このことは、とくに、子どもの年齢が大きくなるにつれて、重要になってくることです。

　しかし、近年の子どもたちを見ていますと、戸外での生活経験や運動あそびが少なくなり、社会生活の中においても、して良いことと、悪いことの区別もつきにくくなってきています。さらに、親として、子どもに危険なことはさせないようにするために、危険と思われる事柄をむやみに禁止することだけで対応している方も多くなりました。ただ禁止するだけでは、子どもの中に、危険を察知し、判断する力は養われにくくなります。子どもたちに、危険な理由やその問題点を具体的に知らせたり、考えさせたり、また、日頃から危険を回避する身体づくり・運動能力づくりを行って、子どもたちの安全能力を高めていく工夫や指導が望ま

れるのです。

そこで、子どもたちが安全に、かつ、健康的に行動できるようにするための、施設設備の安全上のチェックポイントを、戸外あそびの場を取り上げて、ご紹介したいと思います。

(1) 園庭や公園の広場
① 地面の排水が良く、滑りにくい状態であること。
② フェンスや塀の破損がないこと。
③ 石・ガラスの破片、その他の危険物がないこと。
④ マンホールや側溝の塞が安全であること。
⑤ 災害発生時の避難場所や非難経路が確保されていること。

(2) 砂　場
① 適切な湿気や固さで、砂の状態が維持されていること。
② 木片やガラス、小石などを除いておくこと。

(3) すべり台
① 腐食やさび、破損がないこと。
② 着地面に十分なスペースがあり、安全性が確保されていること。

(4) ぶらんこ
① 支柱に、ぐらつきや破損、腐食のないこと。
② 前後に柵を作り、他児との接触・衝突事故が起こらないように配慮されていること。

(5) のぼり棒・雲梯・ジャングルジム
① 支柱にぐらつきや、支柱とのぼり棒のつなぎ目、設置部分に破損や腐食がないこと、子どもの手や足の入る小さなくぼみや穴のないこと。
② 周囲に危険物がなく、基礎コンクリートが露出していないこと。

(6) 鉄　棒
① 支柱がしっかりしていること。
② 年齢に応じた高さのものが設置されていること。
③ 接続部分が腐食・破損していないこと。

　要は、庭や砂場など、子どもたちが積極的に活動する場所や、素足になる可能性のある所では、木片や石、ガラスの破片などの危険物のないことが大切です。すべり台やぶらんこ、のぼり棒、雲梯、ジャングルジム、鉄棒では、支柱にぐらつきや設置部分に破損や腐食、手足の入るくぼみや穴がなく、周囲には危険物のないこと、そして、基礎コンクリートが露出していないこと等が基本条件です。

保護者の方々だけでなく、園の先生方、地域の人々、行政の施設管理者の方々など、大人たちみんなが協力し合って、子どもたちの安全環境を整え、日々点検し、子どもたちのあそびや活動を暖かく見守っていきたいものですね。

18. 運動会

わが国では、春と秋には、運動会が開かれます。内容も、かけっこや玉入れといった定番のものから、年々新しい創作の種目が加わる等、いろいろと工夫されています。そんな中、これまでの運動会で、私には忘れられない親と子の不思議なやりとりがありましたので、そのエピソードをご紹介したいと思います。

運動会で人気のある種目は、やはり何といっても競走をする種目で、「かけっこ」です。親も、必死になって応援します。4歳児のかけっこで、トップを走っていた女の子がゴール寸前で立ち止まり、一番後ろから走ってくる仲良しのお友だちを待って、いっしょに手をつないでゴールしたのです。私は、「子どもらしいな」と思って見ていたのですが、親はこの子の行動に対して不満だったようで、「せっかく一番だったのに、なぜ、そのままゴールしないのか！」と、わが子に詰め寄りました。おそらく、この子は、競争心が未熟で、勝つことの価値観を見いだしていなかったのでしょう。さらに、日常保育でも「お友だちと仲良くしてね」と

いう指導をいつも受けていたため、友だちを待つという行動に至ったのではないでしょうか。

保育園では、泥んこあそびをした後や、昼食の前に手を洗う時は、「順番を守って、みんな仲良く、押さないで」という指導がなされます。しかし、運動会でのかけっこでは、「とにかく、お友だちよりもはやく！　あなたが一番になるようにがんばりなさい！」という働きかけが行われます。ですから、年齢が小さければ小さい程、子どもが「いつ一番を目指し、いつ仲よくしたらよいのか」と困惑するのは当然のことです。

私たち大人は、子どもに対し、競争的なものを好んだり、大人と同じことがはやくできるようになったりすることを望む傾向が強いようです。しかし、運動会を開く際に、関係者は今一度、子どもの発達・成長のレベル（実態）に合った働きかけや期待、種目の選択や運動内容の検討をしてほしいものです。運動会の日は、とくに、子どもの生き生きとした表情がまぶしく見えるような１日にしてもらいたいと思います。保護者をはじめとする地域の人たちにも、広く、日常生活における運動の大切さと必要性を強調して伝えるべきでしょう。

そして、運動会が終わった

ら、子どもたちの心の中に、汗をかいて運動することや友だちと関わって活動することのすばらしさ、正しい運動の行い方のヒントが残っているようにしてやりたいものです。幼少年期に経験した運動による多くの感動体験は、きっと子どもの夢や目標達成への土台となっていくことでしょう。

19. だっこ・おんぶの大切さ、しがみつき上手な子

　親と赤ちゃんのスキンシップに欠かせないのが、だっこやおんぶです。子どもは、身近で親の声を聞いたり、においを感じたりすることによって安心し、情緒が安定します。親も、赤ちゃんとの一体感を味わい、よりいとおしさを感じるようになります。そして、お互いの肌のぬくもりを通じて、コミュニケーションを深めることができるのです。

　おんぶによって、赤ちゃんの背や腰の座りがよくなるといった利点もあります。長時間、おんぶをしすぎると、赤ちゃんの胸を圧迫して血液の循環を悪くしたり、身体の自由な動きを制限したりします。また、身体が固定されすぎると、自分の力でしがみつこうとしないため、筋力の弱い子になります。

　首が座らないうちに行うのはもちろん、足や腰、胸を強く締め付けたり、赤ちゃんの両足が閉じたまま行ったりすることも避けた方がよいでしょう。1時間以上続けたり、後ろに傾けた状態で行ったりすることも禁物です。

一方、だっこは、お互いの表情が見えやすいため、親子がともに安心感を得るだけでなく、親も子どもの健康状態や機嫌、欲求を察知することができます。当たり前のことですが、赤ちゃんは１日中寝かされているより、時々抱いてもらう方が気持ちがよいのです。よく抱いてあやすと、気持ちが安定して、情緒の発達がよくなり、人に対して反応する力や意欲、興味をもつ力も育ちます。

　ところで、多くの保護者は、子どもが早くつかまり立ちをすれば、次は立ち、そして歩く……といった具合に、早く成長することを期待し、それを美徳と考えているように見えます。そんな傾向を、私は懸念しています。発育期である乳幼児期は、心身の変化が非常に激しく、子どもは日々刻々と成長しています。その時期、その時期に、必要な動きや運動をしっかりさせること、つまり、学習や訓練の反復が欠かせません。こうした繰り返しが、脳や神経の成熟といった質的な発達につながっていきます。例えば、赤ちゃん時代なら、決して早く立てなくてもよいから、寝返りをうったり、寝転んだまま蹴ったりする動き、這う動きを十分に行わせることが、後々の運動機能の発達には重要です。まさに、「急がば回れ」でしょう。

　乳幼児期では、親を中心とした養育者との対人関係が、子どもの心身の発達を大きく左右します。しっかり運動をさせて、自然のリズムに応じた生活習慣を整えてくれる親の存在があってこそ、子どもたちは安心して健やかな成長

を遂げるのです。

20. テレビ視聴

　子どもから大人までが楽しみ、今や国民的娯楽と化したといってもよいテレビゲーム。私が行った調査によると、使い始める年齢は年々低くなり、3〜5歳の幼児でも遊んでいることがわかっています。テレビゲームは、目や耳から入る刺激はもちろん、展開するストーリーに応じて素早い判断や的確な推測・推理が求められ、様々な刺激にあふれたメディアといえます。問題解決やパズル等の思考力を養成したり、注意欠陥多動性障害（ADHD）の治療、脳外傷患者のリハビリテーションやスポーツの戦術学習用など、臨床的・教育的利用によって、脳機能を高めたりする効果も期待されています。

　しかし、テレビゲームをしすぎると、大脳の視覚野と運動野という部分の活動レベルのみが高くなって、脳全体が活性化せず、そして行動をコントロールしたり、記憶や感情、学習能力を発達させたりするのに重要な役割を担う大脳の前頭前野の活動レベルが低くなるという報告があります。

　反社会的な人格障害や攻撃的衝動人格をもつ殺人犯は、この前頭前野の働きが低いことも、近年の研究で報告されています。子どもが長年にわたってテレビゲームを長時間続けた場合、知能の発育不全を生じさせるだけでなく、暴

力などの反社会的行動を引き起こす可能性も懸念されるのです。

　幼少年期の子どもでは、テレビゲームを正しく使いこなすことは非常に難しく、ほとんど好き放題に使っている状況といえます。いくら友だちや家族の間でテレビゲームを使って遊んでも、肝心な人的交流が持てなければ、人間らしさを育む前頭葉の発達は期待できません。

　私たち人間は、物事に主体的に関わって幸福感や達成感を得ることで、将来の夢を大きく育んでいきます。これは、友だちや家族、他人と関わってこそ育つものなのです。

　したがって、子育てにおいては、人とふれ合うことで発達し、「人間らしさ」をつかさどる大脳の前頭葉を育てていくことが必要なのです。前頭葉の神経回路は、8歳ぐらいまでに非常によく発達します。それまでに、きちんとした人的交流のあるあそびを経験させなければ、良い人格や人間性は育ちません。

　そのためには、幼少年期に心とからだをフルに使って五感を働かせるあそびをしっかり経験すると同時に、自律神経機能や体温調節機能を高めるため、仲間といっしょに汗をかいて、脈拍が高まる運動あそびを優先させることが極めて重要なのです。

　テレビゲームによって「バーチャル」に経験するより、実際の体験や行動を友だちと共有し、本物の感動や感激を味わうことこそが、子どもたちの豊かな感情を育てるので

す。

21. 肥　満

　カウプ指数（BMI）ってご存知ですか？　体重（g）を身長（cm）の二乗で割って10をかけたもので、乳幼児の体格をみる指数です。発育状態の「普通」は、乳児（3か月以降）では16～18、満1歳で15.5～17.5、満1歳6か月で15～17、満2歳で15～16.5、満3歳、4歳、5歳で14.5～16.5です。

　2001年から行っている全国乳幼児健康調査（代表：前橋）では、5歳児480名のうち70名（14.6％）が「普通」の枠をはずれ、16.5を超える「太りぎみ・太りすぎ」に入りました。

　その子どもたちの生活状況を分析してみますと、夜食を42.9％の子どもたちが食べていること、85.8％が夕食前のおやつを食べていることが明らかとなりました。また、就寝時刻が平均午後10時17分（57.1％が午後10時を過ぎてもテレビ・ビデオを見ている）、起床が午前7時30分と非常に遅く、71.4％が親に起こされての起床でした。そして、睡眠時間は5歳児にとっては非常に短い9時間13分でした。また、朝食を2日に1回だけ食べる子が28.6％もいたのです。朝食抜きのドカ食いという、誤った摂食パターンが身についているようです。夕食前のおやつでは、甘いものやスナック菓子などを食べ過ぎている上、運動不足によって、ます

ます肥満に拍車がかかっているのが特徴でした。

　「からだを動かして遊ぶ仲間や機会がない」、「運動あそびを知らない」「室内でテレビゲームという対物的あそびに熱中している」「体を動かしての手伝いをしない」「夕食の準備中におやつを食べながらテレビを見て待つ」「好きな時に、好きなものを好きなだけ食べる」等、身体を動かさず、栄養を過剰摂取している子どもたちが増えています。こうなると、将来、肥満となって、健康障害、例えば、高血圧や高脂血症、糖尿病などが起こりやすくなります。

　肥満とは、ただ単に体重が増加しているのではなく、体の脂肪が異常に増えた状態をいいます。肥満の原因の中心は、生まれつき（遺伝）の体質ですが、これに運動不足と栄養性のものが加わって起こるのです。したがって、小児肥満の発生予防において、幼児期は最も大切な時期ですから、まずは、おやつには、甘いものやスナック菓子は避け、おやつを袋ごと、ジュースをボトルのまま与えないようにしてもらいたいのです。食事では、子どもがよく食べるからといって、ハンバーグやスパゲッティー、焼きそば等の柔らかくて口当たりのよいものばかりの献立にしないようにしましょう。

　毎日の生活の中では、身体を動かすお手伝いは最高です。布団を自分で敷く、あげる、食器を片づける、庭の掃除やお風呂洗い等、生活活動を習慣化させましょう。近い距離のおつかいは、歩くことを薦めます。そして、休日には子

どもといっしょに戸外で遊んでください。幼児期は、子どもたちが親から一生のライフスタイルを学習し、基本的習慣を身につける大変重要な時期です。正しい食生活と積極的な運動、身体を動かす生活行動の基本を教え、習慣化させておく必要があります。

22. おやつと夜食

　近年、朝食を欠食する大人に加えて、朝食を食べさせてもらえない子どもたちやスナック菓子をあてがわれている子どもたちが増えてきました。健康的な栄養摂取のためには、1日30食品をとる食習慣を身につけることが大切です。そのためには、1食でも欠食をさせないことです。

　子どもの胃腸は、小さくて働きも大人に比べて弱いため、1回あたりの食物の摂取量は少量となりますが、発育のための新陳代謝は盛んなため、より多くのエネルギーが求められ、不足分はおやつで補う必要がでてきます。

　おやつは、子どもにとって大人の3度の食事と同様に重要であり、身体や心の成長に大きな役割を果たしてくれるのです。したがって、子どもにとって「楽しみ」ととらえるだけでなく、食事の一部と考え、栄養をとらせるようにしなければなりません。しかし、甘いものをとり過ぎたり、食事の前に食べ過ぎると、主食の食欲不振や夜食摂取の増加、ひいては肥満や生活習慣病につながります。5歳児を

対象にした調査では、夕食前におやつを毎日食べる男児が70.9%、女児は72.2%に達しており、その多くは夜食をとり、就寝も遅くなっていました。

　次に、おやつのとり方のポイントを挙げておきます。
① 甘いものを与え過ぎないようにしましょう。
② 食べる時間を決め、だらだらと食べさせないようにしましょう。
　食べる量だけ袋から出して小袋に入れたり、皿に盛ったりして、どれくらいの量が適当かを理解させましょう。
③ 食事直前は、食べさせないようにしましょう。
④ 済んだら、必ず歯磨きをしましょう。

　こうした配慮をして、楽しく食べさせてもらいたいのです。とくに、最近のおやつは、食べやすいように柔らかくした物が多いため、噛む力が弱くなり、柔らかい物しか食べられないという悪循環を作り出しています。このため、おやつの選択にも注意を向ける必要があります。

　子ども1人だけで食べる「孤食」の増加も問題視されています。孤食化すると、食欲が増さない上に、主菜や副菜がそろわない等、栄養面にも影響しています。以前は、家族が1つの食卓を囲ん

で食事をする中で、一人ひとりの問題点が話し合われ、解決されていました。しかし、そうした交流のある食卓は、年々少なくなってきています。食生活は、あまりにも日常的な場であるため、おかしなことでも問題だと感じなくなってしまうところに恐ろしさがあります。正常な生活感覚を保つためには、「心の栄養」でもある食卓のあり方を見直し、人間と人間がふれ合う営みを大切にしなければなりません。

　小学生ぐらいになると、おやつづくりや配膳、片づけを通して、料理に興味をもち始めます。親子で料理をいっしょに作ることで、子どもの食生活に関する関心も高まります。保護者の考え方が伝えられる機会になるので、幼児期から積極的な食事に関する手伝いを奨励したいものです。

23. 命の重み

　子ども時代、よくカブトムシを捕まえてきては、飼って成長を見守りました。また、祖母が小川でシジミや魚、ドジョウをとり、みそ汁の中に入れて食べさせてくれました。しかし、今は都市化に伴う自然破壊や大気汚染などによって多くの生物が絶滅し、このような思い出は持てなくなってきました。

　そして、「カブトムシの足が壊れた。くっつけて！」と、折れたカブトムシの足を接着剤でくっつけようとする子どもが現れ、「カブトムシが死んじゃったので、買ってもらっ

たんだ」とお金を出して命を購入する時代になっています。

こうした状況では、幼虫からさなぎ、そして成虫になることを知識としては得ても、真の「成長」の意味は実感できないかもしれません。それは、幼虫から成虫へ、愛着を持って育てる過程を体験していないからです。「死」についても、現実的感覚からかけ離れた死と出合うだけで、深い意味合いから死を理解することはできないでしょう。

中学生がホームレスの男性を集団で暴行を加えて死亡させた残忍なニュース（2002年）を耳にし、子どもたちが生と死、健康と老いについて、いかに軽く見ているかという現実を大変心配しました。同時に、現代の子どもたちの成長に欠かせないものは何かと考えてしまいました。さらに、中学生たちがとった残忍な行為と自制心の欠如や、弱者に対する思いやりのなさに、幼少児期の人的なかかわりの貧しさや未熟さを痛感しました。

核家族化の進行は、こうした傾向に一層の拍車をかけています。祖父母との同居率は著しく低下し、子どもたちは人間の老いや死とともに生活することが少なくなりました。かつては、幼い頃から面倒をみてくれたり、大事に可愛がってくれたりした祖父母が死にゆく姿を目の当たりにすることで、子どもたちは人間の老いについて考え、生命の尊さを実感していました。言い換えれば、祖父母は自分たちの死をもって、孫たちに命の尊さを教え、健康の尊さやすばらしさを伝えていたのです。寂しいことですが、今では祖

父母の死の知らせを電話で聞き、必死で駆けつけるわけでもなく、そのまま葬式の場に出向いていき、亡きがらと面会する子どもたちが多くなりました。

現代の子どもたちには、命の重みを考えたり、実感したりする機会が著しく失われてきています。大人たちは、子どもを取り巻く家庭のあり方、家族や地域社会での人間関係のあり方などを早急に見直し、子どもたちに必要なものは何かを、今一度問い直す必要があると考えます。

24. 徒歩通園

最近、子どもの社会性の未熟さ、とくに、人とのかかわりのまずさや、相手を思いやるやさしさの欠如が指摘されるようになりました。小さい時期から親や友だちとのかかわり、ふれあいを重ねていれば、今の子どもはもう少し変わっていただろうなと思うことがよくあります。

たまり場あそびの減少と、親子による徒歩通園の軽視が、その大きな原因になっている、と私は思います。中でも、徒歩通園を軽んじてひんぱんに自動車を利用するせいか、足腰が弱かったり、自然に親しむ経験に欠けていたりする子が増えています。登園後も、体温が高まらず、「ボーッ」としている子も、同様の理由を持っているはずです。幼稚園や保育園の通園時に、親といっしょに歩くことで、子どもたちは運動能力の発達だけでなく、コミュニケーション

や自然の事物・現象について学びます。そのことの重大さに保護者の皆さんはもっと気づいてほしいと願います。

　私には子どもの頃、こんな思い出があります。秋の収穫時田んぼで稲穂が垂れている光景を見た際、いつも送り迎えをしてくれていた祖母が「なぜ稲穂が垂れているか知っている？」と私に尋ねたのです。祖母は、「春先から太陽（親）が暖かく照らして（育てて）くれたので、大きくなった時に『太陽（お父さん、お母さん）さん、ありがとう』と頭を下げて感謝しているんだよ」と、稲穂が垂れている理由を教えてくれました。通園途中の祖母からのささやかな語りかけが、「親に感謝し、親を大切にしよう」という気持ちを抱せてくれたのでしょう。

　車でさっと送り迎えをし、時間を短縮していくことは、教育的に決してよいこととはいえません。たとえ、時間がかかろうとも、親子の徒歩通園は、幼児期の子どもにとって貴重な人間形成の時間であり、親の魅力や人生観を感じ取る絶好の機会なのです。機会あるごとに、親と子がふれあいの時間を少しでも多くもってほしいものです。幼児期の友だちとのかかわりは、もちろん大切ですが、それにも増して極めて重要なのが親子関係です。人のありがたみを知り、人を思いやって大切にする心を育てるためにも、通園途中のささやかな親子の対話に取り組んでもらいたいものです。

　それが、たとえ1日に10分でも15分であっても、毎日

の送り迎えで繰り返されると、子どもにとって大変貴重な人間形成の時間となります。「チリも積もれば山となる」でしょうか。

25. 責任感とお手伝い

母親が「ゴミを出すから、手伝って」というと、「勉強しているから、だめ」と答える子ども。子どもたちの集まりがあっても、「勉強があるから、出なくていいよ」という母親。このように子どもが勉強を口実として、しなくてもよいことや許されることが増えてきています。と同時に、子どもたちは人間として「しないといけないこと」や「人と生活する上で協力しなければならないこと」まで避けるようになってしまいました。これでは、人と協力する態度や人への思いやりの心は育ちません。

「ちょっと気をつけたら自分にできること」を実行すれば、だれかが助かったり、楽になったりするものです。そんな時に、子どもが感じる人に対するありがたみは、きっと思いやりに発展します。一方で、自分の側も人の役に立って感謝されることによって、生きる自信が深まっていきます。ですから、少しの時間であっても、おうちの皆さんには、子どもたちにお手伝いをする経験をさせたり、積極的に人の輪に参加させたりしてもらいたいのです。そして、子どものお手伝いをもっと評価してあげてください。子どもは、

ほめられることで自信がつき、さらなる意欲がわいてきます。そうすれば、人の話を真剣に聞く態度も自然に身についてくるものです。

　今日の子どもは、何かをしながら人の話を聞いたり、機械的にあいさつをしたりする傾向にあります。心の通うコミュニケーションづくりには、まず意欲を持って目を合わせ、対話ができるようにさせたいものです。具体的には、朝の「おはよう」というあいさつを大切にすることから始め、礼儀を身につけさせましょう。また、お手伝いやおつかいをさせることによって、様々な感情が生じます。そんな時こそ、親子の対話をしっかりと持ち、良い行いは、しっかりほめてください。さらに、家庭内で年中行事や催しを積極的に計画すれば、親子関係をよりしっかりしたものにすることができます。

　真剣に「思いやりのある子に成長してほしい」と願うのならば、親の方も日頃から掃除をしたり、祖父母を大切にしたりする姿を見せておくことが大切です。掃除は、奉仕の心や思いやりが育つだけでなく、仲間をつくる、季節を感じる、土と接するといった点で、人間形成にも貴重な活動といえます。子どもの心とからだは、見えないところで想像以上に深く結びついています。生活態度の悪化は、子どもたちが、私たち大人に「危険信号」を送っていると考えるべきでしょう。

26. 工夫と実行のススメ

　私は、子どもたちに伝えたいことがあります。
　それは、「ちょっと気をつけて・ちょっと知恵を絞って・ちょっと工夫して、あなたにできることを実行すれば、友だちやお父さん・お母さん、おじいちゃん・おばあちゃん、近所の人たちが助かったり、楽になったりすることがあるよ」という呼びかけです。
　いろんなところで、ちょっとの工夫から、人に役立つ行動が起こると、相手が助かります。相手の心の中にも、「ありがたい」という感謝の気持ちや思いが芽生えます。そのように感じてもらえると、知恵を絞った方もうれしいものです。援助された方も、「同じように、自分にできることはしてみようかな」「誰かに役立ったら、お互いに気持ちがいいよね」等の気持ちやさらなる夢が芽生えてくるはずです。でも、近頃は、そんな気持ちと実践が少なくなった感じがします。
　いろいろなところで、ささやかな工夫と実行が起こり、そこで生まれる「人へのおもいやり」や「感謝の気持ち」が、私たちの社会をよりいっそう暖かいものにしてくれます。
　できれば、幼少児期に、このような「ちょっとした工夫と実行」の体験活動を、しっかり経験させてやりたいものです。そのようなスタンスで、お父さん、お母さん、子ど

もに関わってやってもらえないでしょうか。

　私は、お父さん・お母さんにも、聞いていただきたいことがあります。

　それは、私たち大人の方が、まず、率先して、そのような工夫と行動を行うことです。自分の親が、工夫して人に優しい行動を日頃からしていると、子どもは親の行動をまねます。「子どもは、親の思うようにはなかなかならず、親のようにはなる」と思いますから、ぜひ親が行動で示すことが、何よりも大切なことなのです。

　私たち研究者も、がんばりますから、いっしょにがんばりましょう。私も、まずは研究者仲間や保育者・教師たちを誘い、勉強会やボランティア活動を行って研究成果を共有し、保護者の方や保育現場の先生方の悩みや質問に答え、役立てていく実践をしていきます。

　それは、「だれもが穏やかに、自分らしく、いきいきと生きられる」ための知見を、研究会や勉強会を通して見いだして役立ちたいと願ったからです。

27. 子どもの願いに、耳を傾けて

　児童養護施設は、保護者のいない子どもや虐待されている子ども、その他の環境上、養護を必要とする子どもたちを入所させて、養護し、その自立を支援する所です。この

児童養護施設に入所した小学1年生の男の子が書いた作文に目がとまったので、紹介したいと思います。

ボクの3つのおねがい

小1 T. K

　かみさまが3つのおねがいをきいてくれたら、ボクはつぎの3つをたのみます。
1つめは、おかあさんがすぐボクをたたかないようにしてください。
2つめは、おかあさんがちゃんとごはんをつくってくれるようにしてください。
3つめは、おかあさんがテレビゲームばかりしないようにしてください。
　これがボクの3つのおねがいです。どうぞかみさまおねがいします。

　この子どもは、幼児期から、若い母親から激しい虐待を受けていました。母親は、子どもをたたきすぎて手が痛いといって、父親にたたかせたりしていたそうです。そして、食事もつくってもらえないことから、コンビニへ行っておにぎりを盗んで食べました。
　私は、この作文を読んで涙が出ました。この子は、愛されるべき親から虐待を受け、自分以外は絶対に信じません。子どもの心の傷は、深く、様々な行動となって現れています。

自分以外は、みんな敵で、他人にすぐ手を上げてしまいます。自分の感情をコントロールできず、すぐキレて、物を投げたり壊したりします。

この子どもの作文を読んでいると、近年、どこの家庭でも、この3つの願いに紹介された状況が少なからず「ある」、あるいは、「芽生えている」といえるように思います。

子どもの生活調査[4]（2003）で、子どもを叱る理由を尋ねると、800名近くの母親の中で、その約61％の母親が「急いでいるから」を挙げ、18％が「家事に専念できないから」でした。叱る方法も、一番多いのが「恐い顔をする」、次いで「口で注意をする」「たたく」「大声で怒鳴る」「にらみつける」「おどす」の順となり、「口で注意する」以外の上位に挙げられた対応は、幼い子どもの心を深く傷つける可能性を十分に潜ませています。「なんで、こんな理由や方法しか、とれないのだろうか？」と心配してしまいます。

食事についても、欠食させたり、食べさせてもお菓子であったりと、食事を軽視している親が、30％ほどに増えてきました。食卓で、家族からの心の栄養補給も、家庭でしてもらえない子どもたちが身近に大勢いるのです。おふくろの味は、もう過去の想い出なのでしょうか。

テレビゲームにしても、親自らが専念しています。今日の親は、自分のあそびや余暇活動に、子どもを夜間であっても引っ張り回しています。時間を見つけては、子どもと向き合って、適した時間帯に、ふさわしい場所で、必要な

内容のかかわりを持ってあげて下さいといいたいのです。

　今一度、子どもとのコミュニケーションをしっかりとるためにも、心のかよう暖かいかかわりを考え、成長期の子どもに必要な「身体と心の栄養」のとれる食事の場を与え、子どもが求めている家族のふれ合いのあるあそびや活動をして、十二分に関わってあげてもらえませんか？

28. 警告！　子どもの夜間外出とゲーム重視のあそびに注意を向けて！

　2003年、長崎で、12歳の少年が4歳の幼稚園児を殺害する事件が起きました。関東でも、中学生によるホームレス殺人事件、1997年には、神戸で14歳の少年による連続児童殺傷事件が起きたばかりです。私たち大人にできることは何でしょうか。

　長崎の少年が幼児を突き落としたのは夜でした。12歳の少年の夜間の外出を、家族はどう見ていたのでしょうか。近年、夜間に子どもたちの外出を許したり、放任したりしている家庭が激増して、健全な方向への保護者の導きが弱まっています。日頃から、夜遅くに子どもをファミリーレストランや居酒屋、カラオケボックス等へ連れ出している保護者もよく見かけます。核家族化が進み、子育ての正しい方向性を祖父母や地域から、示唆してもらえない現状があり、若い保護者は子どもにとって何が大切で、何が必要

なのかを知らずに、戸惑っているのかもしれません。いつのまにか、子どもの夜間外出は当たり前のことになり、悪いとか、問題があるとは、だれも感じなくなっていくようです。

　東京のゲームソフトの中古品店を見て驚いたことがあります。新発売されたゲームの人気ソフトが、発売から1週間くらいたつと、もう中古品として並んでいるのです。買うのもはやいですが、飽きるのもはやいことを感じます。店主の方に、ゲームソフトの中で、子どもにとくに人気のあるものは何かを尋ねてみますと、戦って人を殺していくゲームだそうです。人を殺すたびにリモコンが振動して、人を殺したという手応えを感じさせ、血も画面に吹き出して、視覚的にも強い迫力があります。「ぶすっ」、「ぐさっ」という効果音があり、ゲームの展開に、より一層のリアル感やスリル感を味わわせるのです。

　画面に向かっている子どもたちに、何が楽しいのかと聞いてみますと、「"すかっ"として、ストレス解消にいい」といいます。現実と空想の狭間で、"実際に戦いをしてみたい"あるいは、加熱化して、"人を殺してみたい"と、子どもたちの精神は揺れているのかもしれません。

　日頃の子どもたちの生活をみますと、ゲーム感覚で動物や昆虫の命を扱っている様子がみられます。また、人にしかられたり、失敗したりして気に入らないことがあった場合、現実では、ゲームのようにリセットできないため、耐

性のない今の子は感情の起伏が激しくなるとともに、自分がやりたいことをがまんできなくなってしまいます。ゲームの作り手も、買い与える保護者も、その点を十分に考えてほしいものです。成長期の子どもたちには、このようなゲームに夢中になるよりは、人の苦しみや悩みも共感できる友だちとの交流あそびをもっと重視して、育ってほしいものです。その中で、弱い者の立場や命の尊さを学んでいくことを大切にしてもらいたいのです。もちろん、危険を回避する子ども自身の自己の判断力の育成も大切です。

　小さい頃から、人と関わるあそびをしていないと、理性や社会性は育ちません。情緒のコントロールもできないし、反省することや協力することも学びません。また、仏壇や神棚の前で手を合わせて祈りを捧げる祖父母の姿や、祖父母をいたわり、大切にしている親の姿を、日常生活の中で見ていないと、子どもたちの中に「命を尊ぶ心」や「おもいやり」「家族愛」は育ちにくいと思います。友だちといっしょにいて楽しいと感じない子、ゲームでストレス解消ばかりしている子、また、家庭の中で親から愛されていないと感じている子ども、逆に過保護にされ、人のことは考えずに、わがまますぎる子

ども、社会のルールを守らない親や大人の姿ばかりを見ている子どもがいっぱいいるかぎり、わが国では、人の命を粗末にするような、危険な事件が多発していくと心配しています。

29. 生命力の低下

近年の子どもたちの生活上の問題点を、健康面から探ってまとめてみますと、日中の戸外あそびが少なく、遅寝遅起きに、運動不足による肥満、徒歩通園をしないため、精神力・持久力が低下、朝食をとらないため、排便が不安定——といった様々な問題点が見つかりました。そして、子どもたちは、朝から疲労を訴え、遊びたがらない状態になっています。

こうした状態が続けば、一体どうなるのでしょうか？夜型の乱れた生活を繰り返していると、幼児でもストレスがたまり、様々な体の不調を訴えます。頭痛、胃痛にはじまり、下痢、不眠、発汗異常や睡眠障害も頻繁にみられます。心身ともに疲れていくことで、自律神経系の機能低下まで起こるのです。

人間は長い歴史の中で、昼に活動し、夜眠るという生活リズムをつくってきました。自律神経も、日中は交感神経がやや優位に緊張し、夜眠る時は副交感神経が緊張するというリズムを持っています。しかし、子どもの生活リズム

が悪くなると、自律神経の本来の働き方を無視することになります。

　自律神経は、内臓や血管、腺などに分布して、生命維持に必要な呼吸、循環、消化吸収、排せつ等の機能を自動的に調節してくれていますが、生活のリズムが悪いと、反射的に行われるこれらの調節ができなくなるのです。また、幼児期からの習い事が増えているため、脳が処理すべき情報量が増加し、一方で、それに反比例した睡眠時間の減少が大きなストレスとなって、常に緊張状態が続くように、子どもたちを追いつめているのです。

　これでは、幼児に副交感神経の著しい機能不全が起こっても仕方がないでしょう。つまり、生体リズムを支える脳機能にネガティブな変化が生じ、脳のオーバーヒート状態になって時差ぼけ的な症状が現れます。この状態が、さらに慢性化・重症化すれば、睡眠は浅く長いものとなり、自律神経の機能低下とホルモンの分泌異常によって活動能力は極端に下がっていきます。そして、将来、小学校から中学、高校へと進学するプロセスの中で、勉強に全く集中できず、日常生活も困難となり、家に閉じこもるような事態も予想されます。

　今日の大きな問題は、生体リズムの混乱に伴う、子どもたちの生命力そのものの低下といえそうです。生体リズムの乱れが背景となり、自律神経機能の低下や障害、エネルギー代謝異常などが複雑に絡み、子どもたちを活気のない

状況に追いやっているようです。

　だからこそ、この21世紀は、子どもたちの生活点検をして、大切なことや改善すべきことを再考していきたいのです。まずは、できそうなところから、1つずつ取り組んでいくことです。家庭の状況に応じて課題を1つ設定し、あきらめずに行ってみましょう。

文　献

1) 前橋　明ほか：乳幼児健康調査結果（生活・身体状況）報告、運動・健康教育研究 12(1)、pp.69-143、2002
2) 前橋　明・石井浩子・中永征太郎：幼稚園児ならびに保育園児の園内生活時における疲労スコアの変動、小児保健研究 56(4)、pp.569-574、1997
3) 前橋　明：子どもの心とからだの異変とその対策について、幼少児健康教育研究 10(1)、pp.3-18、2001
4) 子どものからだと心白書編集委員会：子どものからだと心白書 2003、ブックハウス・エイチディ、2003
5) 前橋　明：子どもの生活リズムの乱れと運動不足の実態、保健室 87、pp.11-21、2000
6) 前橋　明・石垣恵美子：幼児期の健康管理 ― 保育園内生活時の幼児の活動内容と歩数の実態 ― 、聖和大学論集 29、pp.77-85、2001

子育て支援法

1 生活リズムの乱れから生じる諸問題と対策

① 生活リズムの乱れから生じる現象

【情緒面】	
◆朝から元気がない・無気力	→明るい表情や活力がない。
	→ボーッとしている（1日中、ぼんやりしていることが多い）。
	→あそびに入れない・友だちと遊べない。
	・身体を動かして遊ぼうとしない（すぐに疲れる）。
	↓人とのかかわりがもてない。
	↓社会性が育たない。
	↓阻害。
◆イライラ・落ち着きがない	
	→機嫌が悪い（登園時に不機嫌で、母親からなかなか離れられない）。
	→怒る・泣く・すねる。
	→乱暴（情緒が過激に発揮）。
	↓嫌われる。
	↓孤立する。
【精神面】	
◆集中力に欠ける	→ミスやケガの多発。
	→友だちとのあそびや活動が途切れる・仲間とのまとまりがもてない。
	（集団としての集中力ももてない）
	↓他児にとっては、楽しくない。
	↓嫌われる。
	↓仲間はずれ。
◆根気がなく、あきらめやすくなる	→いっしょに遊んでもらえなくなる。

② 規則正しい生活リズムづくり

> リズムが違うと、他児が遊んでいる時に、元気がない。
> 昼寝の時に、眠れない。
> みんなが起きる時に、寝始める。
> だから、いつも1人で、友だちとのかかわりがなく、孤立する。
> 1人あそびが多くなり、社会性が育たない。
> 人前での表現が苦手となる。

★今の子どもの身体の異常は、体温にも現れてきている。それは、自律神経の調節が適切に行われていないことを物語っている。

★運動不足、睡眠不足、朝食の欠食・夜食の摂取、朝の排便のなさ、冷暖房に頼りすぎの生活など、生活習慣・生活リズムの乱れが原因。

> 子どもの生活環境を整えて、身体機能の活性化と規則正しい生活リズムづくりを行っていくことで、子どもの精神的安定を取りもどすことが大切である。

2 脳にとって、大切な栄養

ま	豆類 納豆・大豆・ピーナッツ・豆腐・味噌	豆類には、レシチンという物質が含まれており、このレシチンがアセチルコリン（神経伝達物質の一種）になり、記憶力に関わっています。したがって、日常的に豆類を食べると記憶力が高まります。また、豆類には、タンパク質とマグネシウムが豊富に含まれています。
ご	ご ま ごま・ナッツ類	老化の原因となる活性酸素を防ぐ抗酸化栄養素です。また、食品添加物に含まれる有害物質と結合しやすく、添加物の体への吸収を阻害して排出してくれる「亜鉛」を含んでいます。
は	わかめ わかめや昆布などの海草類	カルシウム等のミネラルが豊富です。カルシウムは、集中力を高め、落ち着きを与える働きがあります。ミネラルは、老化や生活習慣病の予防に役立ちます。
や	野 菜	ビタミンを多く含み、脳内でブドウ糖代謝に関与し、栄養吸収の手助けをします。βカロチンやビタミンCを豊富に含んでいます。
さ	魚	DHA（ドコサヘキサエン酸）とEPA（エンコサペンタエン酸）が非常に多く含まれていて、神経細胞の働きをよくしてくれます。脳の神経細胞の発達によく、鬱病になりにくくなります。また、人に対して危害を加える、気分がカッとする、キレるという攻撃性が下がります。筋量を増加し、筋肉を増強させたりするタンパク質が豊富です。
し	しいたけ キノコ類	ビタミンDが豊富です。また、食物繊維が多く含まれ、動脈硬化や大腸がんの予防に寄与します。
い	い も 穀類	ビタミンを多く含み、脳内でブドウ糖代謝に関与し、栄養吸収の手助けをします。そして、腸内環境を整える食物繊維が豊富です。

　脳にとって、大切な栄養。それは、豆類、ごま、わかめ（海草類）、野菜、魚、しいたけ（キノコ類）、いも（穀類）で、これらをバランスよく食べることが脳によいのです。「ま・ご・は（わ）・や・さ・し・い」と覚えてみましょう。

3 母親へのアドバイス

◆ "4つの笑顔とスキンシップをもって子どもと接してください"
と伝える。

(1) 起床時「おはよう」
  朝からせかさないですむように、生活リズムを考慮して、登園までに最低1時間のゆとりをもつ。
(2) 登園時「行ってらっしゃい」
  朝から叱らない。
(3) 帰宅時「お帰り」
  園での出来事や楽しかったことを聞いてあげる。
(4) 就寝時「おやすみ」
  よい夢がみえるように、笑顔で情緒を安定させる。

◆この4つの場面でのお母さんの笑顔は、子どもの元気の源となる。
◆子どもをほめたり、認めたり、励ましたりすることを増やす。
  そのとき、子どもの目の高さで、子どもの目を見ながら接する。

【前橋 明:母親の健康と育児支援、日本幼少児健康教育学会、幼少児健康教育セミナー報告、1999】

4 第一子をもつ母親の悩みと支援方法

① 母親の悩み

第一子をもつ母親は、第一子誕生とともに、生活が急変するため、家事と育児の両立に悩まされ、とくに、初めての子育てについて、多くの不安を抱いている。

② 支援方法

(1) 母親の子どもへのかかわり方や効率的な家事のしかた、初めての子育てのしかた等についての具体的な知識と工夫の要領を知らせる。

(2) 第一子だから、甘えたりわがままであるという見方ではなく、どの子も通る過程にいることや、個人差や個性として捉えることを知らせる。

(3) 1人で悩みを抱え込まないように伝え、いつでも相談に応じる姿勢を示しておく。また、地域で親子ともに集える場を紹介し、積極的に出向くように勧めたり、そこで、母親同士が互いに励まし合えることや、そうすることによって、頑張れることを知らせる。

(4) 母親1人の負担が大きくならないよう、家族が協力し合うことを知らせる。

【石井浩子・渋谷由美子・前橋 明：幼児をもつ母親の健康管理に関する研究−(V) 第一子をもつ母親に対する育児支援について−、日本保育学会第51回大会、pp.226-227、1998】

5　3歳未満児2人をもつ母親の悩みと支援方法

① 母親の悩み

　3歳児未満児2人をもつ母親は、日々の生活の中で、第一子の子育てに不安があったり、子どもが幼いため、手がかかり、心身の負担が大きい。

② 支援方法

●3歳未満児2人をもつ母親

(1) 3歳未満児2人の子育てをしている母親に対しては、1人の子どもを預かったり、関わったりして、母親が1人ずつの子どもに対応できるよう、実質的な援助を行う。

(2) 下の子に手のかかる時期にも、上の子と関わる大切さやかかわり方の工夫を助言することにより、子どもの欲求を満たし、母親の不安や悩みの軽減へつなげる。

●上の子どもが退行現象の場合

(1) 上の子どもの気持ちを代弁し、甘えたい時期であることを母親に知らせる。また、家庭では、上の子どもを先に甘えさせることを心がけるように助言する。

(2) 登園時には、母親が安心して仕事に行けるよう、下の子を先に受け入れ、上の子に母親が十分対応できるよう援助する。

【渋谷由美子・石井浩子・前橋　明：幼児をもつ母親の健康管理に関する研究－(Ⅵ) 3歳未満児をもつ母親に対する育児支援について－、日本保育学会第51回大会、pp.228-229、1998】

■著者紹介

前橋　明（まえはし　あきら）

米国ミズーリー大学大学院で修士（教育学）、岡山大学医学部で博士（医学）。倉敷市立短期大学教授、米国ミズーリー大学客員研究員、米国バーモント大学客員教授、米国ノーウィッジ大学客員教授を経て、現在、早稲田大学人間科学学術院教授。

受賞 1992 年　米国ミズーリー州カンサスシティー名誉市民賞受賞
　　 1998 年　日本保育学会研究奨励賞受賞
　　 2002 年　日本幼少児健康教育学会功労賞受賞
　　 2008 年　日本幼少児健康教育学会優秀論文賞受賞
　　 2008 年　日本保育園保健学会保育保健賞受賞

主な著書は、「健康福祉科学からの児童福祉論」（チャイルド本社）、「運動あそび指導百科」「ふれあいあそび大集合」（ひかりのくに）、「生活リズム向上大作戦」（大学教育出版）、「幼児体育―理論と実践―」（日本幼児体育学会）、「輝く子どもの未来づくり」「子どもの生活リズム向上作戦」（明研図書）、「最新健康科学概論」「健康福祉学概論」（朝倉書店）など。

　研究では、乳幼児期からの睡眠時間や朝食・排便、体温、運動量などを、体系的に調査・測定・分析することにより、子どもたちの抱える心身の問題とその原因を明確にしていく。赤ちゃんからお年寄りまで、障害をもつ・もたないにかかわらず、だれもが心身ともに健やかな状態で、いきいきとした暮らしが実現できるような社会のしくみづくりを模索中。

いま、子どもの心とからだが危ない

2004 年 6 月 25 日　初版第 1 刷発行
2005 年 8 月 30 日　初版第 2 刷発行
2012 年 5 月 30 日　初版第 3 刷発行

■著　　者────前橋　明
■発 行 者────佐藤　守
■発 行 所────株式会社　大学教育出版
　　　　　　　〒700-0953　岡山市南区西市 855-4
　　　　　　　電話 (086)244-1268代　FAX (086)246-0294
■印刷製本────サンコー印刷㈱

© Akira Maehashi 2004, Printed in Japan
検印省略　　落丁・乱丁本はお取り替えいたします。
無断で本書の一部または全部を複写・複製することは禁じられています。

ISBN978 - 4 - 88730 - 572 - 4